WISO: Scheidungsberater

W0177484

Birgit Franke ist WISO-Redakteurin und als Volljuristin Expertin für Familienrecht bei WISO. Von ihr erschien bisher bei Campus *WISO: Meine Rechte im Job*.

Dr. Matthias Nick ist Chef vom Dienst in der WISO-Redaktion und Koautor von *WISO: Hartz IV – Arbeitslosengeld II*.

Birgit Franke, Matthias Nick

ZDF WISO
Scheidungsberater

Campus Verlag
Frankfurt / New York

Logolizenz ZDF und WISO durch: ZDF Enterprises GmbH
– Alle Rechte vorbehalten –

Bibliografische Information der Deutschen Nationalbibliothek:
Die Deutsche Nationalbibliothek verzeichnet diese Publikation in der
Deutschen Nationalbibliografie. Detaillierte bibliografische Daten
sind im Internet unter http://dnb.d-nb.de abrufbar.
ISBN 978-3-593-39320-9

2., aktualisierte und überarbeiteteAuflage 2010

Umschlaggestaltung: grimm.design, Düsseldorf
Umschlagmotiv: Getty Images
Satz: Publikations Atelier, Dreieich
Druck und Bindung: Beltz Druckpartner, Hemsbach
Gedruckt auf Papier aus zertifizierten Rohstoffen (FSC/PEFC).
Printed in Germany

Besuchen Sie uns im Internet: www.campus.de

Inhalt

Vorwort

Wenn Sie dieses Buch in der Hand halten, stecken Sie wahrscheinlich mitten-drin – in der Ehekrise. Sie haben sich von Ihrem Partner getrennt oder sind so zerstritten, dass Sie für Ihre Ehe keine Zukunft mehr sehen.

Natürlich ist das für Sie emotional ein sehr schwieriger Zeitpunkt, und doch müssen Sie gerade jetzt einen klaren Kopf behalten – es gibt viele Fra-gen zu beantworten: Wie läuft eine Scheidung überhaupt ab? Was geschieht mit meinen Kindern? Stimmt es, dass man zuvor ein Trennungsjahr »über-stehen« muss? Was ist ein Versorgungsausgleich, was ein Zugewinnaus-gleich? Und welcher davon hat mit meiner Rente zu tun?

Einen der Schwerpunkte dieses Ratgebers bildet das Thema Geld: Was passiert mit der gemeinsamen Immobilie, dem Hausrat und dem Familien-auto? Wie viel Unterhalt muss ich zahlen beziehungsweise mit wie viel Un-terhalt kann ich rechnen?

Das neue Unterhaltsrecht, zum Januar 2008 in Kraft getreten, hat viel durcheinandergewirbelt. Im Folgenden sollen Sie erfahren, wie der Gesetz-ber Trennungs- und nachehelichen Unterhalt neu geregelt hat und ab wann Sie oder Ihr Partner wieder voll arbeiten müssen. Erst vor kurzem wurden die Regelungen des Versorgungsausgleichs und des Zugewinns ebenfalls geändert. All diese Reformen finden – wie auch das neue Verfahrensrecht – Berücksich-tigung, damit Sie im »Paragraphendschungel« den Überblick behalten.

Diesen WISO-Ratgeber können Sie an einem Stück durcharbeiten, um sich umfassend mit jedem Aspekt in Sachen Trennung und Scheidung ver-traut zu machen. Sie können ihn aber auch wie ein Nachschlagewerk benut-zen: Jedes Kapitel ist thematisch auf einen speziellen Gesichtspunkt hin aus-gerichtet und für sich allein genommen verständlich. In der Vielzahl der angeführten Beispiele und Fallkonstruktionen finden Sie vielleicht Ihre ei-gene Situation wieder.

Das deutsche Scheidungsrecht besteht nicht nur aus vielen Gesetzen – auf die wichtigsten wird in den entsprechenden Kapiteln näher eingegangen –, das deutsche Scheidungsrecht ist auch die Summe vieler wichtiger Gerichts-entscheidungen. Deshalb zitieren wir immer wieder höchstrichterliche Urteile zum Scheidungsrecht mit Quellennachweisen.

Wenn man plötzlich wieder allein oder mit einem neuen Partner zusammenlebt, ist es oftmals nicht leicht, den Kopf auch noch für das Wälzen von Scheidungsliteratur frei zu haben. Das wissen wir, und deshalb verzichtet dieser Ratgeber bewusst auf die manchmal schwer verständliche Juristensprache.

Machen Sie sich kundig, es kann sich lohnen – gerade in Ihrer jetzigen Situation.

Birgit Franke
Dr. Matthias Nick

Trennung

Wenn die Ehe zerrüttet ist, zieht meist einer aus der gemeinsamen Wohnung aus. Er kommt bei Freunden oder der Familie unter, auf Dauer sucht er sich eine eigene Wohnung. Dieser Schritt kann rechtlich sehr bedeutend sein, besonders dann, wenn nicht beide Ehegatten die Scheidung wollen. Unterschätzen Sie die Trennung daher nicht. Sie ist für die spätere Scheidung und die Scheidungsfolgen ein erster wichtiger Schritt und kann die Weichen für spätere richterliche Entscheidungen stellen, etwa wer die gemeinsame Ehewohnung zugewiesen bekommt.

Rechtliche Bedeutung

Der Gesetzgeber verlangt im Scheidungsverfahren, dass Ihre Ehe gescheitert sein muss, bevor Sie sich scheiden lassen können (§ 1565 Abs. 1 BGB). Sie sollen sich den Schritt aus der Ehe gut überlegt haben, und Ihre Entscheidung sollte endgültig sein. Um das sicherzustellen, besteht die Maßgabe, dass Sie in der Regel mindestens ein Jahr von Ihrem Ehepartner getrennt gelebt haben (§ 1565 Abs. 2 BGB). Die Trennung ist ein Indiz dafür, dass Ihre Beziehung im Alltag nicht mehr funktioniert, Ihr Beziehungsverhältnis tiefgreifend gestört ist. Erst nach diesem sogenannten Trennungsjahr können Sie sich in der Regel scheiden lassen. In Härtefällen wird die Frist verkürzt, allerdings kann sie auch länger sein.

Das Trennungsjahr

Nicht immer ist das Trennungsjahr allein für den Scheidungsantrag ausreichend. Nur wenn beide Ehepartner die Scheidung beantragen oder der eine dem Scheidungsantrag des anderen zustimmt, geht der Gesetzgeber davon aus, dass Ihre Ehe nach einem Jahr Trennung gescheitert ist. Stimmt einer von Ihnen der Scheidung nicht zu, wird das Scheitern erst nach drei Jahren des Getrenntlebens angenommen (§ 1566 BGB).

Achtung!
Die Dauer der Ehe spielt grundsätzlich keine Rolle. Auch bei sehr kurzen Ehen muss das Trennungsjahr eingehalten werden. Der Umstand, dass man erst kurz verheiratet ist, wird in der Regel nicht berücksichtigt.

Auch wenn Sie sich einig sind, dass Sie sich scheiden lassen wollen, müssen Sie das Trennungsjahr abwarten. Eine Blitzscheidung gibt es nur in Ausnahmefällen. Selbst wenn Sie sich nach einem heftigen Streit in der Hochzeitsnacht trennen, müssen Sie grundsätzlich das Trennungsjahr abwarten.

Unzumutbare Härte

Die gesetzliche Vermutung führt nicht immer zu befriedigenden Ergebnissen. Das Trennungsjahr kann für Sie eine unzumutbare Härte darstellen (§ 1565 Abs. 2 BGB). Besonders in Fällen, wenn Sie unter der Ehe psychisch oder körperlich sehr stark leiden, kann die Frist verkürzt werden.

Da das Trennungsjahr die Regel ist, wird eine Verkürzung nur in ganz bestimmten Fällen vom Scheidungsrichter akzeptiert. Es muss ein besonderer Grund vorliegen, der das längere Abwarten unzumutbar macht – und Ihr Partner muss diesen Grund verursacht haben.

Solche Umstände liegen zum Beispiel vor:

• wenn der Ehegatte in der Ehe misshandelt wurde;
• wenn die Ehefrau von einem anderen Mann schwanger ist;
• wenn der Ehegatte Alkoholiker ist;
• bei sexueller Erniedrigung durch den anderen Ehegatten.

Beispiel
Ihr Partner schlägt Sie und die Kinder. Oder er beleidigt Sie schwer und bedroht Sie daneben ernsthaft oder greift Sie körperlich an. Dagegen reicht es nicht aus, dass Ihr Partner während der Ehe fremdgeht. Es müssen neben

seiner Untreue weitere erschwerende Umstände hinzukommen, beispielsweise das Verlassen des Ehegatten wegen einer gleichgeschlechtlichen Beziehung zu einem anderen Partner oder Prostitution nach der Trennung.

Achtung!

Werden Sie schwer krank, kann auch das eine unzumutbare Härte darstellen. Zwar können Sie für Ihre Krankheit nichts – es reicht aber aus, dass der Härtegrund in Ihrer Person liegt. Gerade ansteckende und schwer heilbare Krankheiten oder Suchtkrankheiten begründen eine Verkürzung des Trennungsjahres.

Auswirkung der Trennung

Wenn Sie aus der Wohnung ausziehen, schaffen Sie Fakten, die für den Scheidungsrichter später erheblich sein können. Denn Sie werden mit Ihrem Partner schon bei der Trennung wichtige Punkte klären müssen, die im späteren Verfahren nicht so leicht zu ändern sind. Besonders dann, wenn Kinder im Spiel sind, müssen schon bei der Trennung Regelungen vorliegen: Wer bleibt im gemeinsamen Haus und kümmert sich um den Nachwuchs? Wer zahlt wem Unterhalt? Alles, was Sie während des Trennungsjahres unternehmen, kann Folgen haben. Schließlich sind Sie noch nicht geschieden.

Die Trennung hat für Sie Auswirkungen in folgenden entscheidenden Punkten, die in eigenen Kapiteln später ausführlich behandelt werden:

- Wohnung und Hausrat
- Ausübung der elterlichen Sorge
- Unterhalt
- Vermögensauseinandersetzung
- Steuern
- Versicherungen

Ein weiterer wichtiger Aspekt bei der Trennung ist der Verlust der Schlüsselgewalt. Als »Schlüsselgewalt« wird die Befugnis bezeichnet, Geschäfte zur angemessenen Deckung des Lebensbedarfs der Familie abzuschließen; dabei wird der Ehepartner – auch ohne sein Wissen – mit verpflichtet. Die Schlüsselgewalt erstreckt sich zum Beispiel auf Haushaltsgegenstände, Lebensmittel, Verträge über den persönlichen Bedarf der Eheleute und der Kinder sowie Arztbehandlungen. Sobald Sie getrennt leben, entfällt diese Mithaftung (§ 1357 Abs. 3 BGB), da Sie durch die Trennung Ihren gemeinsamen Haushalt aufgegeben haben.

> **Achtung!**
> Auch wenn Sie die häusliche Gemeinschaft aufgelöst haben, sind Sie noch nicht geschieden. Das heißt, Sie können noch gegen eheliche Pflichten verstoßen. Schließlich sind Sie bis zum Scheidungsbeschluss noch ein Ehepaar und aneinander gebunden (§ 1353 BGB).

Was heißt »getrennt leben«?

Das Getrenntleben ist vom Gesetzgeber geregelt (§ 1567 Abs. 1 BGB) und setzt voraus, dass keine häusliche Gemeinschaft mehr besteht und zumindest einer der Ehegatten sie ablehnt und daher auch nicht mehr herstellen will.

Erst wenn auf Dauer einer der Partner die Beziehung beenden will, beginnt das Getrenntleben. Der Partner muss aber zuvor seinen Trennungswillen klar und unmissverständlich nach außen kundgetan haben und deutlich machen, dass er nach der längeren räumlichen Trennung keine Beziehung mehr will. Stellt er beispielsweise lediglich den Briefverkehr ein, ist das nicht ausreichend.

> **Beispiel**
> Sie müssen die Sachen Ihres Partners in der gemeinsamen Wohnung von Ihren Sachen trennen. Sie räumen die Kleidung aus dem gemeinsamen Kleiderschrank aus und schaffen sie in ein anderes Zimmer. Auch die anderen privaten Dinge des Partners werden separiert. Ihr Partner muss aber von Ihrem Trennungswillen erfahren.

Es liegt eindeutig ein Getrenntleben vor, wenn einer von Ihnen aus der gemeinsamen Wohnung auszieht und der andere darin wohnen bleibt. Will aber keiner von beiden ausziehen, kann es problematisch werden, wenn ein

Zusammenleben unzumutbar für Sie ist, zum Beispiel, weil Sie von Ihrem Partner bedroht oder geschlagen werden. Hier können Sie eine gerichtliche Regelung einfordern (§ 1361 b BGB).

Achtung!
Sie dürfen auf keinen Fall eigenmächtig handeln und Ihrem Partner den Zutritt zur gemeinsamen Wohnung verwehren. Sie dürfen ihn weder aus der Wohnung rauswerfen noch ihm die Koffer vor die Tür stellen. Auch der Austausch der Schlösser ist verboten. Das gilt auch dann, wenn Sie Alleineigentümer der ehelichen Wohnung beziehungsweise des Hauses sind. Es gilt: Haben Sie Ihren Partner mit in Ihre Immobilie aufgenommen, können Sie ihn nicht selbstständig der gemeinsamen Ehewohnung verweisen.

Getrenntleben nach Auszug

Ziehen Sie aus der ehelichen Wohnung aus, liegt ein Getrenntleben im scheidungsrechtlichen Sinne vor. Neben der zusätzlichen finanziellen Belastung stellt sich bereits jetzt die Frage, wie oft Sie Ihre Kinder sehen können beziehungsweise sehen dürfen. Wie sieht das Umgangs- und Sorgerecht in der Trennungsphase aus?

Ihr Sorgerecht verlieren Sie nicht durch den Auszug. Sie sind beide gemeinsam für die Erziehung und das körperliche und seelische Wohl Ihrer Kinder verantwortlich. Solange das Sorgerecht nicht einem Elternteil übertragen wird, müssen Sie an den wesentlichen Entscheidungen, die die Kinder betreffen, beteiligt werden.

Daneben dürfen Sie Ihre Kinder auch regelmäßig sehen, Sie haben ein Recht auf Kontakt. Es sei denn, dieser schadet dem Kindeswohl. Wie oft Sie Ihre Kinder sehen dürfen, hängt von den Gesamtumständen ab: Wie alt ist das Kind, welches Verhältnis haben Sie zu ihm, wo treffen Sie sich, und sind neue Partner im Spiel?

> **WISO rät**
> Sie tun sich und den Kindern einen Gefallen, wenn Sie das Umgangsrecht so flexibel wie möglich handhaben. Sie sollten nicht die Kinder zum Spielball Ihrer Krise machen.

Sechs-Monats-Regel

Haben Sie und nicht Ihr Partner die Wohnung verlassen, sollten Sie die Sechs-Monats-Regel beachten (§ 1361 b Abs. 4 BGB). Sie verlieren Ihr Nutzungsrecht an der Wohnung, wenn Sie nicht innerhalb von sechs Monaten nach dem Auszug mitteilen, dass Sie in die Wohnung zurückkehren wollen. Selbst dann, wenn die Wohnung Ihnen gehört, können Sie während des Getrenntlebens nicht mehr zurück, wenn Sie die Frist verstreichen lassen. Die Bekundung muss nicht schriftlich geschehen – es reicht eine mündliche Äußerung gegenüber dem Partner.

> **Achtung!**
> Bei dieser Regelung geht es nur um die Wohnung. Sie müssen sich dadurch nicht verpflichten, mit Ihrem Partner wieder zusammenkommen zu wollen.

Beispiel
Ihr Partner reagiert bei Streit cholerisch und wirft Gegenstände nach Ihnen, oder Ihr Partner schlägt Sie. Dann werden Sie in der Regel die Wohnung zunächst verlassen, um sich zu schützen. Auf die Dauer wollen Sie aber vielleicht wieder in Ihre Wohnung zurück. Sie beabsichtigen, dass Ihr Partner auszieht oder Sie sich die Wohnung teilen.

Sie müssen deutlich machen, dass auch Sie Interesse an der Wohnung haben. Hat sich beispielsweise der erste heftige Streit gelegt, wollen Sie vielleicht ebenfalls einen Teil der Wohnung beziehen oder die Wohnung für sich alleine beanspruchen. Um diesen Anspruch während des Getrenntlebens nicht zu verlieren, müssen Sie ernstlich Ihrem Partner gegenüber erklären, dass Sie in die gemeinsame Wohnung zurückkehren wollen. Sie müssen aber keinen Einzugstermin angeben.

Achtung!
Die Rückkehrabsicht gilt auch für die Fälle, bei denen einer der beiden Ehepartner den Auszug veranlasst hat, zum Beispiel durch Gewaltanwendung oder Bedrohung (§ 1361 b Abs. 2 S. 1 BGB).

Das Getrenntleben in der gemeinsamen Wohnung

Sie können auch in Ihrer gemeinsamen Wohnung getrennt leben (§ 1567 Abs. 1 S. 2 BGB). Verstehen Sie sich nach wie vor gut, ist das eine schnelle und einfache Lösung. Sie sparen eine zweite Wohnung und damit bares Geld. Vielleicht können Sie sich einen Auszug auch gar nicht leisten.

Um im rechtlichen Sinne in der gemeinsamen Wohnung getrennt zu leben, müssen Sie Ihre Räume aufteilen. Das sollten Sie am besten schriftlich festhalten. Beispielsweise schläft der eine von Ihnen im Schlafzimmer, der andere auf der Couch im Arbeitszimmer. Gemeinschaftsräume wie Badezimmer und Küche dürfen Sie gemeinsam nutzen. Aber nur diese Räume; ein gemeinsamer Fernsehabend im Wohnzimmer muss also unterbleiben.

Beispiel
Treffen Sie sich zufällig am Morgen in der Küche, ist das kein Problem. Etwas anderes gilt, wenn der eine für den anderen kocht und Sie gemeinsam zu Mittag essen. Das wäre keine Trennung von »Tisch und Bett«, die für das Getrenntleben verlangt wird.

Zwar dürfen Sie sich gemeinsam in der Wohnung aufhalten, Ihr Miteinander muss allerdings einer Wohngemeinschaft gleichen, das heißt Sie haben keine intime persönliche Beziehung mehr. Es muss klar zum Ausdruck kommen, dass Ihre Ehe nicht mehr besteht, dass Sie in den eigenen vier Wänden getrennt leben. Ein Höchstmaß an Absonderung muss nach außen erkennbar sein.

Sie müssen zwei komplett getrennte Haushalte führen: getrennte Kassen, getrenntes Einkaufen, kochen, bügeln, putzen. Keiner versorgt den anderen mit. Es sei denn, es entstehen Notfallsituationen – Ihr Partner wird zum Beispiel krank. Dann dürfen Sie eingeschränkt helfen und die nötigen Maßnahmen vornehmen.

Beispiel

Ihr Partner hat hohes Fieber und Schüttelfrost. Sie können in der Apotheke ein fiebersenkendes Mittel besorgen oder ihn zum Arzt fahren, nicht aber stundenlang am Krankenbett sitzen.

Sie sollten die Trennung konsequent durchziehen, wenn Sie sich scheiden lassen wollen. Beschränken Sie Ihre Kontakte auf das Nötigste; der Geschlechtsverkehr sowie gemeinsame Treffen mit Freunden in der Wohnung sind tabu. Entscheidet sich einer von Ihnen während des Getrenntlebens, wieder mit dem anderen Partner zusammenkommen zu wollen, bleibt die Trennung zunächst bestehen, und die Frist für das Trennungsjahr läuft weiter. Denn es reicht aus, wenn zumindest einer von Ihnen erkennbar die häusliche Gemeinschaft nicht mehr herstellen will.

Beispiel

Ihr Partner hat sich während Ihrer Ehe neu verliebt und ist fremdgegangen. Daraufhin entscheiden Sie, sich am 1. April zu trennen. Sie bleiben aber beide in der Immobilie wohnen. Nachdem die kurze Affäre gescheitert ist, will Ihr Partner im August wieder zu Ihnen zurück. Sie sind aber so enttäuscht, dass jetzt Sie die Scheidung wollen. Das Trennungsjahr läuft daher ab dem 1. April.

Schwierig wird das Getrenntleben in der gemeinsamen Wohnung, wenn Sie Kinder haben. Ihre Elternrolle behalten Sie wie gewohnt bei, müssen aber klar zum Ausdruck bringen, dass keine eheliche Beziehung mehr besteht. Das ist nicht einfach, denn der Alltag mit Kindern ist häufig sehr geregelt und eingespielt. Vieles macht man als Familie gemeinsam, jetzt muss es getrennt funktionieren. Ihr Haushalt muss auf jeden Fall aufgeteilt werden, darf auch nicht zum Schutz der Kinder zusammenbleiben. Ein gemeinsames Mittagessen zum Wohle der Kinder ist unter Umständen zwar erlaubt, mehr aber auch nicht. Sie müssen daher mit Ihrem Ehepartner klären, wie das Getrenntleben mit Kindern in einer Wohnung aussehen soll. Wo schlafen die Kinder, wer kocht für sie, wer bringt sie zur Schule? Vermeiden Sie Situationen, in denen alle Familienmitglieder anwesend sind, auch wenn es Ihnen und den Kindern schwerfällt.

Versöhnungsversuch

Sie können während Ihres Getrenntlebens versuchen, wieder zusammenzukommen, ohne dass die laufende Frist des Trennungsjahres unterbrochen oder gehemmt wird (§ 1567 Abs. 2 BGB). Sie sollen die Chance haben, Ihre Ehe zu retten, ohne dass Ihnen rechtliche Steine in den Weg gelegt werden. Sie müssen dafür aber die häusliche Gemeinschaft zumindest zum Teil wieder aufnehmen. Gelegentliche Besuche, regelmäßiger Geschlechtsverkehr oder ein gemeinsamer Urlaub reichen zum Beispiel für den Versöhnungsversuch nicht aus.

Für diesen wird Ihnen nur eine »kürzere Zeit« eingeräumt, sonst beginnt die Frist des Trennungsjahres von neuem zu laufen (§ 1565 Abs. 2 BGB). Ein paar Wochen darf der Versuch zwar dauern, nach drei Monaten wird aber davon ausgegangen, dass Sie sich nicht mehr trennen wollen.

Beispiel

Sie sind am 1. Mai aus der gemeinsamen Wohnung ausgezogen, haben aber weiterhin Kontakt zu Ihrem Partner. Nach ein paar Monaten entscheiden Sie sich, es noch einmal miteinander zu versuchen. Sie ziehen am 1. September wieder in die gemeinsame Wohnung ein, stellen jedoch nach zwei Wochen fest, dass es doch nicht mehr funktioniert, und ziehen wieder aus.

Ihr Versöhnungsversuch ist gescheitert. Dennoch haben Sie rechtlich für das Trennungsjahr keine Zeit verloren, denn die zwei Wochen des Zusammenlebens verlängern die Frist nicht. Es wird so getan, als ob Sie nicht wieder zusammengelebt hätten. Das Trennungsjahr läuft hier am 30. April des Folgejahres aus.

Sie können auch mehrere Versöhnungsversuche starten. Manchmal kommen Paare nicht so leicht voneinander los, und gerade wenn Sie noch eine gemeinsame Wohnung haben, kann Ihnen die Trennung von »Tisch und Bett« schwerfallen. Sie sollten es aber nicht übertreiben, sonst könnte ein grundsätzliches Getrenntleben angezweifelt werden.

Scheidung

Durch die Scheidung sind Sie wieder frei – gewollt oder ungewollt. Ihre Ehe ist mit Rechtskraft des Scheidungsbeschlusses aufgelöst. Alles, was Sie jetzt erwirtschaften, fließt wieder in Ihre eigene Tasche – Sie müssen das Geld nicht mehr mit Ihrem Partner teilen. Sie können nach der Scheidung auch wieder heiraten und eine neue häusliche Gemeinschaft gründen.

Wie lange der Scheidungsprozess dauert und wie teuer er für Sie wird, hängt von Ihnen und Ihrem Ex-Partner ab: Je besser Sie sich verstehen und einig sind, desto schneller wird der Scheidungsrichter das Verfahren »durchwinken«.

Voraussetzungen der Scheidung

Sie streiten sich nur noch, brüllen sich an, ein friedliches harmonisches Miteinander ist nicht mehr möglich. Sie sehen keine gemeinsame Zukunft mehr mit Ihrem Partner. Die Ehe ist Ihrer Meinung nach gescheitert. Genau das verlangt das Gesetz als Voraussetzung für eine Scheidung: Ihre Ehe muss gescheitert sein, damit Sie sich scheiden lassen können (§ 1565 Abs 1 BGB). Es muss eine nicht heilbare Zerrüttung der Ehe vorliegen.

Wenn Sie sich einig sind, dass Ihre Beziehung zerrüttet ist, kann das später als ein Indiz für die gescheiterte Ehe verwendet werden. Dann wird das Scheitern nach einem Jahr vermutet. Doch die Einigung muss nicht zwingend bestehen: Das Scheitern kann auch durch Beweisantritt oder nach einer dreijährigen Trennungszeit festgestellt werden.

Wollen Sie den Scheidungsantrag einreichen, sollten Sie die Zeit der Trennung berücksichtigen. Wird der Antrag zu früh gestellt, muss er vom Gericht zunächst zurückgewiesen werden. Für die Zeitberechnung spielt es eine Rolle, ob Sie beide die Scheidung beabsichtigen oder nicht.

Für die einverständliche Scheidung gilt Folgendes:

- Getrennt unter einem Jahr: Scheidung ausnahmsweise. Gericht muss Scheitern konkret prüfen.
- Getrennt ab einem Jahr: Ehe gilt als gescheitert.

Bei einer streitigen Scheidung hingegen sind diese Zeitvorgaben zu bedenken:

- Getrennt unter einem Jahr: Scheidung ausnahmsweise. Gericht muss Scheitern konkret prüfen.
- Getrennt ab einem Jahr bis drei Jahren: Gericht muss Scheitern konkret prüfen.
- Getrennt ab drei Jahren: Die Ehe gilt als gescheitert.

Zerrüttung

Vorbei sind die Zeiten, in denen man noch nach dem Schuldigen bei einer Scheidung suchte. Lassen Sie sich scheiden, wird heute nicht mehr danach gefragt, wer die Ehe auseinandergebracht hat. Sind Sie während der Ehe fremdgegangen, können Sie genauso gut einen Scheidungsantrag stellen wie derjenige, der keinen neuen Partner in petto hat. Das ist für die Scheidung rechtlich unerheblich.

Heute gilt das sogenannte Zerrüttungsprinzip, das heißt, Ihre eheliche Lebensgemeinschaft muss aufgehoben sein und es kann nicht erwartet werden, dass Sie diese wiederherstellen. Entscheidend ist also, ob Sie glauben, dass Sie die Ehekrise überwinden können, oder ob Ihnen jegliche Versöhnungsbereitschaft fehlt. Solange Sie noch eine gemeinsame Zukunft sehen, ist Ihre Ehe nicht gescheitert. Nur wenn einer von Ihnen der Meinung ist, dass es nicht mehr gemeinsam geht, dass die Ehe keinen Sinn mehr hat, wird die Ehe als zerrüttet betrachtet, und dann können Sie sich scheiden lassen.

Achtung!
Die einseitige Zerrüttung reicht hier aus. Es genügt, wenn einer von Ihnen durch sein Verhalten und seine Bekundungen klarmacht, dass er die Ehe nicht länger fortsetzen will.

Vielleicht stellen Sie im Lauf der Ehejahre fest, dass Sie Ihren Partner nicht mehr lieben, ihn ablehnen und gerne ohne ihn weiterleben möchten, Ihr Partner hingegen hängt noch sehr an Ihnen und will sich auf keinen Fall von Ihnen scheiden lassen. Dennoch können Sie nach der Trennungsphase einen Scheidungsantrag stellen. Es reicht aus, wenn einer der Partner die Ehe als gescheitert ansieht.

Das Getrenntleben ist dafür ein Indiz, muss aber nicht in jedem Fall vorliegen. Besteht die häusliche Gemeinschaft nur noch aus wirtschaftlichen Gründen fort, kann es trotzdem zur Scheidung kommen, wenn Sie beweisen können, dass die Lebensgemeinschaft aufgehoben und die Wiederherstellung aussichtslos erscheint.

Beispiel

Sie haben mit Ihrem Partner vier Kinder und leben in einer kleinen Vierzimmerwohnung. Sie arbeiten nicht, Ihr Partner verdient das Geld für die Familie, und Sie kommen gerade so über die Runden. Eine Trennung können Sie in dieser Situation nicht vornehmen. In der Wohnung ist kein Platz mehr für ein getrenntes Leben – eine andere Wohnung können Sie sich nicht leisten. Dennoch ist hier die Lebensgemeinschaft aufgehoben, da Ihr Partner schon längst eine andere Beziehung hat und Sie nur noch eine Zweckgemeinschaft sind.

Unwiderlegbare Vermutung

Wie kann ein Richter feststellen, dass Ihre Ehe gescheitert ist? Dafür müsste er eigentlich bei Ihnen einziehen, Sie im Alltag beobachten und begleiten. Da dies natürlich nicht machbar ist, bleiben dem Richter also nur Ihre Schilderungen und Beweismittel, anhand derer er Ihre Beziehung analysieren und entscheiden muss, wie es um Ihre Ehe steht. Um den Prozess zu beschleunigen und zu erleichtern, wird in folgenden beiden Fällen das Scheitern der Ehe unwiderlegbar vermutet:

- Sie leben seit einem Jahr getrennt und beide beantragen die Scheidung beziehungsweise der eine Partner stimmt dem Antrag des anderen zu (§ 1566 Abs 1 BGB).
- Sie leben seit mindestens drei Jahren getrennt (§ 1566 Abs. 2 BGB).

In diesen Fällen muss das Gericht in der Regel die Scheidung aussprechen. Es darf nicht mehr überprüfen, ob noch eine Wiederherstellung der ehelichen Lebensgemeinschaft möglich ist.

Beispiel
Sie leben seit drei Jahren getrennt, weil Sie eine neue Beziehung haben. Ihr Partner wohnt mit den Kindern noch im ehelichen Haus. Auch wenn Ihr Partner gegen die Scheidung ist, muss der Richter sie grundsätzlich aussprechen.

Weitere Gründe

Wollen Sie nach einem Jahr Trennung die Scheidung, obwohl Ihr Ehepartner dagegen ist, kann das Scheitern der Ehe nicht unwiderlegbar vermutet werden. Dennoch verfügen Sie über Möglichkeiten, die Scheidung durchzusetzen.

Tatsachen vor Gericht

Sie müssen in diesem Fall mit Ihrem Scheidungsantrag dem Gericht alle Tatsachen vorbringen, die das Scheitern der Ehe erklären. Sind diese Gründe, warum Ihre Ehe zerrüttet ist, für den Richter überzeugend, wird die Ehe auch gegen den Willen Ihres Partners geschieden. Ausschlaggebende Gründe können beispielsweise sein:

- anderweitige dauerhafte Partnerbindung,
- Ehebruch,
- Misshandlungen,
- Strafbare Handlungen,
- Beleidigungen,
- Trunksucht,
- Vernachlässigung des Haushalts und der Kinder,
- Hass gegen nicht gemeinsame Kinder des Ehepartners.

Achtung!
Die Gründe müssen nicht unbedingt dieselben sein, die zur Trennung geführt haben. Sie können auch neue Aspekte anführen, die erst nach der Trennung eingetreten sind.

Beispiel

Sie haben sich von Ihrem Ehemann getrennt, weil Sie sich nur noch gestritten haben und Sie kein gemeinsames Wort mehr in Ruhe wechseln konnten. Nach der Trennung lernen Sie einen neuen Partner kennen und sind jetzt schwanger.

Härtefälle

In besonderen Härtefällen können Sie auch schon während des Trennungsjahres die Scheidung einreichen (§ 1565 Abs. 2 BGB). Es kann für Sie unzumutbar sein, das Jahr durchzuhalten, wenn Sie unter der Ehe extrem psychisch oder körperlich leiden.

Der Scheidungsantrag vor Gericht

Um eine Scheidung zu erwirken, muss einer von Ihnen einen Scheidungsantrag beim zuständigen Gericht stellen.

Der Antrag

Ihr Partner kann den Antrag einreichen, oder Sie können das tun; Sie können aber auch beide einen Scheidungsantrag bei Gericht stellen (§ 1564 BGB).

Achtung!

Da im Scheidungsverfahren der sogenannte Anwaltszwang gilt, müssen Sie sich vor Gericht anwaltlich vertreten lassen (§ 78 Abs. 2 ZPO). Der Anwalt muss den Scheidungsantrag verfassen, ihn unterschreiben und bei Gericht einreichen. Der Anwalt ist auch beim gerichtlichen Scheidungstermin anwesend.

Das Familiengericht

Zuständig ist für das Scheidungsverfahren das Familiengericht, eine Abteilung des Amtsgerichts. Die Verfahren werden jeweils von einem Einzelrichter geführt, der über den Scheidungsantrag wie auch über alle anderen Familienangelegenheiten entscheidet. Das heißt: auch über Ihre Scheidungsfolgen wie elterliche Sorge, Unterhalt, Hausrat, Wohnung, Versorgungsausgleich und das Güterrecht.

Welches Gericht örtlich zuständig ist, hängt davon ab, ob Sie noch in der Ehewohnung gemeinsam leben oder gemeinsame Kinder haben (§ 606 Abs 1 ZPO). Haben Sie sich innerhalb der Ehewohnung getrennt, ist für den Scheidungsantrag das dortige Amtsgericht (Familiengericht) zuständig.

Leben Sie dagegen nicht mehr zusammen, haben aber gemeinsame Kinder, ist immer das Familiengericht örtlich zuständig, in dessen Bezirk der Partner mit den Kindern lebt. Dort liegt der Schwerpunkt des Verfahrens, das Jugendamt kann gut eingebunden werden.

Haben Sie keine gemeinsamen Kinder, wird darauf abgestellt, ob noch einer von Ihnen in dem Bezirk der gemeinsamen Ehewohnung lebt, ohne dass es sich um diese handeln muss.

Sind Sie dagegen beide an einen anderen Wohnort gezogen und haben Sie keine gemeinsamen Kinder, kommt es darauf an, wer den Scheidungsantrag stellt.

Beispiel

Sie leben zusammen in Köln. Nach der Trennung ziehen Sie nach Düsseldorf, Ihr Partner bleibt in der gemeinsamen Ehewohnung in Köln. In diesem Fall ist immer das Amtsgericht in Köln zuständig, weil Ihr Partner noch am letzten gemeinsamen Wohnort wohnt, unerheblich hingegen ist, wer den Antrag stellt.

Sie leben zusammen in Köln. Sie ziehen nach Düsseldorf und Ihr Partner nach München. Gemeinsame Kinder haben Sie nicht. Falls Sie den Scheidungsantrag stellen, ist das Amtsgericht München zuständig; falls Ihr Partner den Scheidungsantrag stellt, das Amtsgericht Düsseldorf.

WISO rät

Können Sie den Gerichtsort wählen, sollten Sie sich erkundigen, ob der Prozess an dem einen Gericht schneller laufen würde als an dem anderen. Faustregel: Bei kleineren Gerichten geht es meist schneller als in großen Städten.

Ausländische Ehepartner

Viele Länder haben ein sogenanntes »Internationales Privatrecht«, das regelt, welches Recht angewendet werden soll, wenn beispielsweise Ehepartner unterschiedlicher Nationalitäten sich scheiden lassen wollen. Ein Deutscher kann mit einer Ausländerin verheiratet sein, oder zwei Ausländer leben als Ehepaar in Deutschland. Welches Recht gilt dann?

Jedes Gericht geht von den Gesetzen des eigenen Landes aus, wendet also zunächst sein nationales Recht an. Stellt nun ein Ausländer, der mit einer Deutschen verheiratet ist, einen Scheidungsantrag in Deutschland, muss zunächst die Zuständigkeit des Gerichts überprüft werden, und es ist zu entscheiden, ob deutsches oder ausländisches Verfahrensrecht anzuwenden ist. In einem zweiten Schritt muss geklärt werden, wie das Scheidungsrecht konkret im einzelnen Fall aussieht.

Kommt das Gericht zu der Entscheidung, dass ausländisches Recht angewendet werden muss, entscheidet das deutsche Gericht auch nach diesem. Lassen sich beispielsweise zwei Spanier scheiden, muss der deutsche Richter das spanische Scheidungsrecht anwenden. Häufig ist das unproblematisch, da viele ausländische Familiengesetze den deutschen Richtern vorliegen. Ist das Scheidungsrecht nicht bekannt, kann der Richter ein Rechtsgutachten von einer Hochschule des jeweiligen Staates beantragen.

Achtung!

In einigen Ländern sind die Scheidungsvoraussetzungen viel strenger als in Deutschland. Wollen sich zwei Italiener in Deutschland scheiden lassen, müssen sie drei Jahre getrennt leben. Für sie gilt das Trennungsjahr nicht.

Die Zuständigkeit wird das Gericht von Amts wegen prüfen. Die Staatsangehörigkeit des Antragstellers ist entscheidend: Ist einer der Ehepartner Deutscher bei Antragstellung, wird deutsches Recht für das Scheidungsverfahren angewandt – selbst dann, wenn die Heirat im Ausland vollzogen wurde.

Etwas anderes gilt, wenn einer von beiden Ehepartnern erst nach der Heirat die deutsche Staatsangehörigkeit angenommen hat und die Partner vorher die gleiche Staatsangehörigkeit besaßen. Dann wird das Recht dieses Staates angewendet und nicht deutsches Recht.

Sind beide Ehepartner Ausländer, gilt immer deren Heimatrecht, wenn sie die gleiche Staatsangehörigkeit haben. Besitzt das ausländische Ehepaar hingegen verschiedene Staatsangehörigkeiten und lebt gemeinsam in Deutschland, richtet sich die Scheidung nach deutschem Recht.

Beispiel
Zwei türkische Staatsbürger heiraten. Nach der Eheschließung erwirbt die Ehefrau die deutsche Staatsangehörigkeit, der Ehemann hingegen behält die türkische Staatsangehörigkeit. In diesem Fall erfolgt die Scheidung nach türkischem Recht.

Die Ehepartner besitzen beide die französische Staatsangehörigkeit. Der deutsche Richter muss französisches Recht anwenden.

Der Ehemann ist Belgier, die Ehefrau Russin; sie heiraten und leben in Deutschland. Es gilt das deutsche Scheidungsrecht.

Das Scheidungsverfahren

Es hängt von Ihnen und Ihrem Ehepartner ab, wie lange das Scheidungsverfahren dauert. Sind Sie sich einig und klären Sie schon während der Trennung die Scheidungsfolgen wie Unterhalt und Wohnung, muss sich das Gericht nur noch um den Versorgungsausgleich kümmern. Dann geht das Verfahren in der Regel schnell.

Sie können die sogenannte einvernehmliche Scheidung wählen, bei der Sie nur einen Anwalt statt zweien benötigen. Dieser Weg verlangt während der Trennung einiges an Absprachen, ist aber kostengünstig und verspricht ein schnelles Scheidungsverfahren. Denn hier haben Sie sich über die Scheidungsfolgen schon vor Antragstellung geeinigt.

Sie können aber auch in dem Verfahren neben dem Scheidungsantrag ebenfalls die Scheidungsfolgen klären lassen. Das müssen Sie im Lauf des Verfahrens bei Gericht beantragen.

Näheres zu diesem Aspekt finden Sie im Abschnitt »Scheidungsfolgenvereinbarung«.

Härteklausel

Grundsätzlich reicht es aus, wenn ein Ehepartner die Scheidung durchsetzen möchte. Spätestens nach drei Jahren Getrenntleben können Sie den Antrag bei Gericht stellen. Für Ihren Partner kann das ein harter Schlag sein, doch bei einer Scheidung stellt der Richter heute nicht mehr die Schuldfrage. Es reicht aus, wenn die Ehe zerrüttet ist.

Von dieser grundsätzlichen Regel gibt es zwei Ausnahmen: In Härtefällen wird der Scheidungsantrag abgelehnt, obwohl die Ehe gescheitert ist (§ 1568 BGB).

Einerseits können minderjährige Kinder ein Grund sein, dass die Ehe zunächst bestehen bleiben muss. Andererseits kann auch der Partner, der die Scheidung nicht will, die Ablehnung begründen; jedoch greift die Härteklausel nur in ganz extremen Fällen.

Beispiel
- Ihr Kind will sich das Leben nehmen, wenn Sie sich scheiden lassen.
- Ihr Partner, der sich nicht trennen will, ist bei Antragstellung schwer krebskrank.

Durch die Härteklausel kann der Zeitpunkt der Scheidung nach hinten verschoben werden, doch eine Scheidung ganz verhindern lässt sich dadurch nicht. Derjenige, der die Scheidung will, wird sie auch früher oder später durchsetzen, er muss dafür nur einen neuen Antrag bei Gericht stellen.

WISO rät
Sie sollten sich gut überlegen, ob Sie von der Härtefallregelung Gebrauch machen wollen. Sprechen Sie Ihr Vorhaben mit Ihrem Anwalt durch, denn

unterm Strich gewinnen Sie nur Zeit und eventuell Geld: Die Verzögerung kann dazu führen, dass Sie mehr beim Versorgungsausgleich und bei der Vermögensauseinandersetzung bekommen, da der Partner länger in den gemeinsamen Topf einzahlen muss. Eine harmonische Beziehung werden Sie dadurch aber nicht herstellen.

Die Rechtskraft des Scheidungsbeschlusses

Sie dürfen sich nicht zu früh freuen, wenn Ihnen der Scheidungsbeschluss ins Haus flattert. Denn allein dadurch sind Sie noch nicht wirksam geschieden, der Beschluss ist noch nicht rechtskräftig (§ 1564 S. 2 BGB).

Sie haben nach der Zustellung des Beschlusses einen Monat Zeit, Rechtsmittel einzulegen. Dadurch wird der Beschluss von einer höheren Instanz überprüft. Nur wenn die Frist abläuft, ohne dass einer von Ihnen ein Rechtsmittel einlegt, sind Sie kein Ehepaar mehr – Ihre Ehe ist aufgelöst.

Achtung!

Sie können nach der Verkündung des Beschlusses darauf verzichten, Rechtsmittel einzulegen. Dann sparen Sie sich den Monat bis zur Rechtskraft des Beschlusses. Der Verzicht bedeutet aber auch, dass alles, was in dem Scheidungsverfahren geregelt wurde, nicht mehr zu ändern ist. Sie verlieren somit Ihre Überlegungszeit.

Hausrat

Wer bekommt den Staubsauger, den Esstisch, den Fernseher? – Eigentlich doch eher zweitrangig, könnte man meinen! Doch auch um die Aufteilung des Hausrats können Sie sich bei Trennung oder Scheidung heftig streiten. Denn will Ihr Ex-Partner plötzlich Ihre heiß geliebte DVD-Sammlung oder das teure Gemälde, das Sie mit in die Beziehung eingebracht haben, kann Sie das schon sehr ärgern. Neben dem ideellen Wert kann es durchaus um ganz stolze Sümmchen gehen – und mancher ist so verbittert, dass er dem ehemaligen Partner schlichtweg gar nichts mehr gönnt.

Was gehört zum Hausrat?

Der Hausrat umfasst die Gegenstände, die Sie während der Ehe im Haushalt zur gemeinsamen Lebensführung genutzt haben. Dazu zählen beispielsweise die Wohnungseinrichtung, Geschirr, Vorräte, Staubsauger, gemeinsame Wäsche, Waschmaschine, Unterhaltungselektronik, Bücher, Sportgeräte. Daneben aber auch Gartenmöbel, ein Wohnwagen und das Auto, falls es für den privaten Gebrauch eingesetzt wurde. Wird es hauptsächlich von Ihnen alleine gefahren, gehört es nicht zum Hausrat. Haben Sie beide jeweils einen PKW, den Sie für sich nutzen, fallen die Autos in der Regel nicht unter den Hausrat. Arbeitet einer von Ihnen nicht, so dient der Zweitwagen meist der Familiennutzung und wird dem Hausrat zugerechnet.

Achtung!

Luxusgegenstände zählen nicht zum Hausrat. Das gilt beispielsweise für ein Kunstgemälde, wenn es der Vermögensanlage dient und nicht der gemeinsamen Lebensführung. Hier wird auf den Zweck des Gegenstandes abgestellt: welche Funktion er hat und wo er sich befindet. Daneben fallen auch höchstpersönliche Gegenstände nicht unter den Hausratbegriff, das heißt Gegenstände, die nur zum alleinigen Gebrauch bestimmt sind, wie Ihre Kleidung, Ihr Schmuck, Hobbygegenstände, persönliche Andenken, Sammlungen, Musikinstrumente, Familienerbstücke und alles, was Sie für Ihren Beruf brauchen. Sind Sie beispielsweise selbstständig und führen einen kleinen Handwerksbetrieb, dann gehören alle Gegenstände, die Sie in Ihrem Büro oder auf dem Gelände zur Ausübung Ihrer Arbeit verwenden, nicht zum Hausrat. Darunter fallen etwa die Arbeitskleidung, der Firmenwagen, das Werkzeug, der Computer und das Handy, wenn es überwiegend zu beruflichen Zwecken genutzt wird.

Beim Hausratbegriff ist es unerheblich, in wessen Eigentum sich der Gegenstand befindet. Auf die Eigentumsverhältnisse kommt es nicht an. Es spielt keine Rolle, ob Sie das Sofa mit in die Ehe gebracht oder ob Sie es sich später gemeinsam angeschafft haben. Das Sofa gehört zum Hausrat. Selbst wenn es nur gemietet oder geleast war.

Die Hausratsteilung während der Trennung

Wenn Sie sich trennen, können Sie von Ihrem Partner die Herausgabe der Gegenstände, die Ihnen gehören, verlangen (§ 1361a BGB). Etwas anderes gilt nur, wenn Ihr Partner auf die Gegenstände angewiesen ist und die Überlassung gerecht ist.

Beispiel

Sie ziehen aus der ehelichen Wohnung aus und lassen Ihren Esstisch vorübergehend dort, damit Ihr Partner und die Kinder ihn weiterhin für die gemeinsamen Mahlzeiten benutzen können.

Wenn Ihnen Haushaltsgegenstände gemeinsam gehören, werden sie unter Ihnen nach den Grundsätzen der »Billigkeit« verteilt. Die Bedürfnisse der minderjährigen Kinder sollten dabei berücksichtigt werden. Daneben spielen die Einkommens- und Vermögensverhältnisse eine Rolle.

Beispiel
Ihr Partner ist erwerbslos und kümmert sich um Ihre beiden kleinen Kinder, Sie dagegen verdienen gut. Es ist daher sinnvoll, Ihrem Partner die Kücheneinrichtung und die Waschmaschine zu überlassen, während Sie vielleicht die Unterhaltungselektronik mitnehmen.

Achtung!
Überlassen Sie Ihrem Partner die Wohnung inklusive Einrichtung komplett, können Sie unter Umständen eine Nutzungsvergütung verlangen.

Können Sie sich über den Hausrat nicht einigen, entscheidet das zuständige Gericht (§ 23 b Abs. 1 Nr. 8 GVG). Dieses kann eine angemessene Vergütung für die Benutzung der Haushaltsgegenstände festsetzen.

Die Hausratsteilung nach der Scheidung

Nach der Scheidung wird es ernst: Jetzt müssen Sie endgültig klären, wer welche Gegenstände bekommt. Hier wird unterschieden, ob der Hausrat schon vor der Ehe Ihnen gehörte oder Sie sich diesen gemeinsam angeschafft haben. Ebenfalls möglich ist, dass Sie sich während der Ehe bestimmte Sachen für sich allein gegönnt haben.

Der Hausrat vor der Ehe

Sie bleiben Eigentümer an den Gegenständen, die Sie mit in die Ehe gebracht haben. Diese dürfen Sie von Ihrem Ehepartner herausverlangen.

Achtung!

Das gilt selbst dann, wenn der Gegenstand schon von einem neuen ersetzt wurde, weil der alte kaputtgegangen ist. Es muss sich hier aber um
einen Ersatz – nicht um eine Neuanschaffung – handeln, das heißt der
neue Gegenstand muss mit dem alten vergleichbar sein.

Beispiel

Sie haben eine Waschmaschine mit in die Ehe gebracht, die im Lauf der Zeit
den Geist aufgibt. Egal, wer von Ihnen die neue Maschine kauft – Sie werden auch an dieser neuen Maschine Alleineigentümer. Das gilt selbst dann,
wenn das entsprechende Modell in der Zwischenzeit weiterentwickelt worden ist. Nur wenn ein wesentlich hochwertigeres Gerät mit größerem Funk-
tionsumfang gekauft wird, handelt es sich nicht mehr um eine Ersatz-, sondern um eine Neuanschaffung.

Der Hausrat während der Ehe

Schwierig wird es, wenn Sie Gegenstände während der Ehe angeschafft haben. Gehören sie Ihnen beiden oder nur einem von Ihnen?

Bei Neuanschaffungen während der Ehe ist Folgendes zu unterscheiden:
Wenn es sich um ein »Geschäft des täglichen Lebens« handelt, werden Sie
beide Miteigentümer des neuen Hausratsgegenstandes.

Beispiel

Das Bügeleisen geht kaputt, und Ihr Partner kauft aus der gemeinsamen
Haushaltskasse ein neues. Das Bügeleisen gehört Ihnen gemeinsam.

Bei größeren, darüber hinausgehenden Anschaffungen kommt es darauf an,
wer Vertragspartner des Verkäufers war. Kaufen Sie einen hochwertigen
Fernseher für die gemeinsame Nutzung, werden Sie beide Miteigentümer.
Kauft nur einer von Ihnen den Fernseher, wird auch nur dieser Alleineigentümer des Geräts, wenn es nicht für die Familie bestimmt war.

> **Achtung!**
> Die während der Ehezeit erworbenen Gegenstände gelten in der Re-
> gel als gemeinsam von Ihnen erworben, es sei denn, dass ein Kaufbe-
> leg besteht, auf dem nur einer von Ihnen als Käufer genannt ist. Sie
> müssen also vor Gericht beweisen, dass der Gegenstand aus der Ehe
> Ihnen alleine gehört und nicht für das tägliche Zusammenleben be-
> stimmt war. Lassen Sie sich eine Quittung, auf der Ihr Name vermerkt
> ist, geben, wenn Sie einen Gegenstand nur für sich gekauft haben,
> der nicht für die Familie bestimmt war.

Als Faustregel gilt: Gegenstände, die für den angemessenen Lebensbedarf
der Familie gekauft wurden, sind immer gemeinsames Eigentum der Ehepartner. Luxusgegenstände hingegen sind Alleineigentum desjenigen, der sie
angeschafft hat.

Beispiel
Ihr Sofa ist alt und durchgesessen. Sie entscheiden zusammen mit Ihrem
Partner, dass ein neues gekauft werden muss. Da Sie gerade etwas von Ihrer
Tante geerbt haben, finanzieren Sie das neue Möbel aus Ihrer Erbschaft.
Das Sofa gehört beiden, da es für das gemeinsame Zusammenleben be-
stimmt war. Sie benutzen es ja auch beide.

Etwas anderes kann nur gelten, wenn Sie einen Gegenstand nur für sich gekauft haben. Dann kann Ihr Partner diesen Gegenstand zwar mitbenutzen,
er gehört Ihnen aber alleine.

Beispiel
Sie sind Musikfreak und haben sich eine sehr teure Stereoanlage gekauft, die
in Ihrem Büro steht. Auch wenn Ihr Partner sie ab und an mitbenutzt, gehört
sie einzig und allein Ihnen. Sie sind Alleineigentümer daran.

Haben Sie während der Ehe gemeinsam ein Sofa und einen Fernseher ge-
kauft, müssen Sie untereinander regeln, wer was bekommt. Sie müssen den
Hausrat gerecht verteilen. Bekommt der eine mehr als der andere, können
Sie die Differenz in Geld ausgleichen.

Beispiel

Sie behalten den Fernseher, Ihr Partner das Sofa. Da der Fernseher 500 Euro günstiger als das Sofa war, muss Ihr Partner Ihnen also noch etwas dazugeben.

WISO rät

Wollen Sie eine einvernehmliche und unstreitige Aufteilung des Hausrates, sollten Sie jeweils eine Liste derjenigen Gegenstände erstellen, die Sie beanspruchen. Anschließend sollten Sie mithilfe der Listen die Gegenstände verteilen. Hat jeder seine ihm zustehenden Hausratsgegenstände erhalten, sollten beide eine schriftliche Erklärung abgeben. Bestätigen Sie darin, dass Sie diejenigen Hausratsgegenstände erhalten haben, die Ihnen zustehen.

Streit um den Hausrat

Streiten Sie sich über einzelne Gegenstände, können Sie beim Familiengericht einen Antrag auf Teilung des Hausrats stellen (§ 23 b I Nr. 8 GVG). Die sogenannte Hausratsverordnung verlangt, dass gemeinsamer Hausrat nach billigem Ermessen nach den Umständen des Einzelfalls gerecht und zweckmäßig zu verteilen ist (§ 8 Abs. 1 Hausratsverordnung).

Für die Entscheidung, wer was erhält, ist eine umfassende Abwägung aller Kriterien erforderlich. Das Wohl der Kinder hat aus Billigkeitsgesichtspunkten Vorrang. Meist werden beispielsweise Herd, Kühlschrank und Esszimmer demjenigen zugesprochen, bei dem die minderjährigen Kinder leben. Selbst Hausratsgegenstände, die in Ihrem Eigentum stehen, kann das Gericht Ihrem Ex-Partner zuweisen, falls dieser auf sie angewiesen ist. Weitere Kriterien stellen zum Beispiel die Einkommens- und Vermögensverhältnisse dar: Wer von Ihnen kann sich eher eine neue Wohnungseinrichtung leisten? Wer hängt aber auch mehr an bestimmten Gegenständen, und wer hat sie bezahlt?

Achtung!

Gemeinsame Hausratsgegenstände, die der Richter dem einen oder anderen von Ihnen zugesprochen hat, gehen in das jeweilige Alleineigentum über.

Grundsätzlich sollen Sie am Ende beide mit dem gleichen Hausratswert dastehen. Ist das nicht der Fall, muss unter Umständen die Wertdifferenz ausgeglichen werden. Das Gericht kann dem »Bessergestellten« eine Ausgleichszahlung auferlegen.

Das gemeinsame Haustier

Haben Sie ein gemeinsames Haustier, sollten Sie mit Ihrem Partner eine einvernehmliche Lösung finden. Können Sie sich nämlich nicht einigen, wer das gemeinsame Haustier bekommt, muss auch hier das Familiengericht nach der Hausratsverordnung darüber entscheiden. Zwar ist das Tier keine Sache, dennoch werden die Vorschriften entsprechend angewendet (§ 90 a BGB). Das Gericht wird bei seiner Entscheidung verschiedene Kriterien berücksichtigen, etwa wer das Haustier gekauft hat, wer mit ihm – bei einem Hund – in der Regel spazieren gegangen ist, wer es gefüttert und wer es zum Tierarzt gebracht hat. Da das Gericht für Ihr Haustier kein Umgangsrecht einräumen kann, wird es das Tier entweder Ihnen oder Ihrem Partner zur alleinigen Betreuung zuweisen.

Die gemeinsame Wohnung

Wollen Sie nach der Trennung Ihre gemeinsame Ehewohnung kündigen beziehungsweise verkaufen, sollte das in der Regel kein Problem sein. Was aber, wenn beide an der Wohnung hängen? Oder Ihr Partner in Ihrem Haus mit den Kindern wohnen bleiben will? Grundsätzlich steht beiden Ehepartnern die gemeinsame Ehewohnung zu. Dabei spielt es keine Rolle, wer den Mietvertrag unterschrieben hat, die Miete zahlt oder wem die Wohnung eigentumsrechtlich gehört. Können sich Eheleute nicht einigen, wer die Wohnung – oder gar das eigene Häuschen – zukünftig nutzen darf, muss diese Entscheidung vom Gericht gefällt werden.

Trennung: Wer bleibt in der Wohnung?

Können Sie sich nicht einigen, wie Sie nach der Trennung Ihre gemeinsame Wohnung aufteilen, können Sie sich an das Familiengericht wenden. Das Gericht muss entscheiden, ob das Zusammenleben für den Antragsteller oder für die Kinder, die mit im Haushalt leben, eine »unbillige Härte« darstellt (§ 1361 b BGB).

Übt einer der Partner Gewalt aus oder droht sie an, kann man von einer unbilligen Härte des Zusammenlebens ausgehen. Dieser Partner muss die gemeinsame Wohnung verlassen – auch dann, wenn sie ihm gehört oder er den Mietvertrag alleine unterschrieben hat: Die Wohnung wird in der Regel dem »Opfer« zugesprochen (§ 1361 b Abs, 2 S. 1 BGB). Dabei ist es unerheblich, ob der Verletzte beziehungsweise Schwächere zunächst die Wohnung verlassen hat, um sich zu schützen.

Beispiel

Die Ehefrau wird von ihrem Mann immer wieder geschlagen, ebenso die gemeinsamen Kinder. Die Frau flieht mit den Kindern in ein Frauenhaus. Dort beantragt sie, dass die Wohnung ihr und den Kindern alleine zugewiesen wird und ihr Mann die Ehewohnung verlassen muss. Die Richter werden ihrem Antrag meist stattgeben.

Bloße Spannungen untereinander, verbaler Streit und der tägliche Kleinkrieg begründen dagegen noch keine unbillige Härte. Auch wenn Sie sich nicht mehr verstehen und einander nicht mehr »riechen« können, müssen Sie den anderen bis zur Scheidung in der Wohnung ertragen. Es sei denn, Sie ziehen aus. Sie sollten aber bedenken, dass Sie dadurch signalisieren, dass Sie sich auch anderweitig behelfen können. Wollen Sie später in die gemeinsame Wohnung zurückkehren oder nach der Scheidung die Wohnung ganz übernehmen, haben Sie durch den Auszug Ihre Chancen im Wohnungsstreit bei Gericht verschlechtert.

Wird das Zusammenleben in der gemeinsamen Wohnung unerträglich, sodass Ihre Kinder psychisch oder auch körperlich darunter leiden, wird das Gericht eine Wohnungszuweisung vornehmen. In der Regel wird dann der betreuende Elternteil mit den Kindern in der Wohnung bleiben. Der andere Partner muss sich eine neue Unterkunft suchen.

Das Gericht kann auch eine Teilung innerhalb der Wohnung anordnen, wenn sie notwendig und für Sie zumutbar ist. Die Belange des Partners sind vom Gericht zu berücksichtigen und es muss abwägen, wem was zugemutet werden kann. Erst recht, wenn es sich um das Eigentum eines Partners handelt, wird der Richter strenge Maßstäbe anlegen müssen, so verlangt es auch das Gesetz. Wenn keine Gewaltanwendung vorliegt, muss das Alleineigentum des Partners besonders berücksichtigt werden (§ 1361 Abs. 1 S. 3 BGB). Das heißt Sie müssten dann besonders triftige Gründe haben, damit Sie die Wohnung zugewiesen bekommen. Dagegen wird es Ihrem Partner, wenn ihm die Immobilie gehört, leichtfallen, dort auch nach der Trennung zu verbleiben.

WISO rät

Versuchen Sie sich friedlich mit Ihrem Partner nach Ihrer Trennung über die Ehewohnung zu einigen. Sind Kinder im Spiel und zieht einer aus, müssen Sie gleichzeitig die Kinderbetreuung und den Unterhalt klären. Es macht

Sinn, sich hierfür fachlichen Rat einzuholen. Halten Sie am besten Ihre Vereinbarung schriftlich fest und bringen Sie klar zum Ausdruck, ob die Regelung vorzeitig, für die Zeit der Trennung oder endgültig, auch nach der Scheidung gelten soll.

Wohnungsnutzung nach der Scheidung

Spätestens jetzt müssen Sie sich endgültig festlegen, wer die Wohnung bekommt. Können Sie sich mit Ihrem Partner nicht einigen, müssen Sie beim Familiengericht einen Antrag auf Überlassung der Wohnung stellen (§ 23 b Abs. 1 Nr. 8 GVG). Näheres regelt auch hier – wie beim Streit um den Hausrat – die Hausratsverordnung.

Im Gegensatz zu der Entscheidung im Fall des Getrenntlebens schafft der Gerichtsbeschluss für die Zeit nach der Scheidung endgültige Verhältnisse. Die Wohnung ist keine Ehewohnung mehr; derjenige, dem sie zugewiesen wird, bestimmt jetzt alleine darüber.

Das Gericht ist bei seiner Entscheidung an die Eigentumsverhältnisse beziehungsweise die bisherige mietrechtliche Lage nicht gebunden. Der Richter kann zwar nicht über Ihr Alleineigentum verfügen, das heißt er kann nicht Ihre Eigentumswohnung oder Ihr Haus auf Ihren Partner übertragen, er darf aber eine Wohnung, die Ihnen allein gehört, dem anderen Partner zuweisen (meist der Fall, wenn bei diesem die Kinder bleiben). Auch bei einer Mietwohnung kann er die Mietverhältnisse neu gestalten.

Alleineigentum

Sind Sie Eigentümer der Ehewohnung, kann das Gericht die Wohnung nur dann Ihrem Partner zuweisen, wenn es notwendig erscheint, um eine »unbillige Härte« zu vermeiden (§ 3 HausratsV).

Einen Anspruch auf alleinige Nutzung der Wohnung hat Ihr Partner also nur, wenn ein Auszug für ihn unzumutbar ist, Sie dagegen eine neue Bleibe finden und finanzieren können. Der Auszug muss für Ihren Partner eine Härte darstellen, die nicht gerecht wäre, und er hat wichtige Gründe vorzuweisen, wieso er in der Wohnung bleiben darf und nicht Sie. Der häufigste Grund ist das Wohl der Kinder. Die Kinder sollen nicht aus ihrer gewohnten Umgebung und ihrem sozialen Gefüge herausgerissen werden. Betreut Ihr Partner die Kinder, kann er häufig die Ehewohnung auch für sich alleine beanspruchen.

Beispiel

Sie haben ein Haus geerbt. Ihr Partner und die Kinder leben dort mit Ihnen. Nach der Scheidung will Ihr Partner, der sich um die Kinder kümmert, das Haus zur weiteren Nutzung bewohnen und verlangt, dass Sie ausziehen. Gehen die Kinder in der Nähe des Hauses zur Schule und haben sie dort Freunde gefunden, kann es gut möglich sein, dass der Richter Ihrem Partner das Haus zuweisen wird. Erst recht, wenn es für Ihren Partner schwer ist, in der Nähe eine passende Wohnung zu einer angemessenen Miete zu finden.

Gemeinsames Miteigentum

Sind Sie beide Eigentümer der Immobilie, kommt es darauf an, wem es eher zuzumuten ist, die Eigentumswohnung beziehungsweise das Haus zu verlassen. Möglicherweise kann die Immobilie auch aufgeteilt werden.

Ziehen Sie aus dem gemeinsamen Haus aus, können Sie aber möglicherweise verlangen, dass Ihr Partner Ihnen den Besitzverlust ausgleicht. Dieser Fall mag dann eintreten, wenn Sie schon viel Geld in die Immobilie investiert haben oder für die Ersatzwohnung besondere Kosten anfallen. Der Partner muss Ihnen dann üblicherweise eine Miete zahlen oder eine Nutzungsvergütung. Die Eigentumsverhältnisse an dem Haus bleiben davon unberührt.

Beispiel

Sie haben mit Ihrem Partner ein Haus gekauft. Es gehört Ihnen jeweils zur Hälfte. Das Haus ist abbezahlt. Liegt die Miete bei 1 400 Euro kalt, muss Ihr Partner Ihnen nach Auszug die Hälfte, das heißt 700 Euro monatlich zahlen. Die andere Hälfte gehört ihm selbst.

Mietwohnung

Egal, ob Sie alleiniger Mieter waren oder Sie gemeinsam eine Wohnung gemietet haben, das Familiengericht kann das Mietverhältnis neu gestalten, wenn Sie sich nicht einigen können (§ 5 HausratsV).

Beispiel

Sie haben die Wohnung allein gemietet. Das Gericht kann aber nach der Scheidung Ihrem Partner die Wohnung zuweisen, das heißt das Mietverhältnis so umgestalten, dass Ihr Partner es an Ihrer Stelle fortsetzt.

Haben Sie gemeinsam die Wohnung gemietet, kann angeordnet werden, dass Sie aus dem Mietvertrag ausscheiden und Ihr Partner das Mietverhältnis künftig allein fortsetzt.

Das Gericht entscheidet über Ihre Mietwohnung nach billigem Ermessen und dem jeweiligen Einzelfall. Das Wohl der Kinder wie auch die Erfordernisse des Gemeinschaftslebens stehen an erster Stelle (§ 2 HausratsV). Die Lebenswelt der Kinder soll so stabil wie möglich bleiben. Weder ein Schulwechsel noch ein Wechsel des Freundeskreises sind sinnvoll, da die Kinder mit der Trennung der Eltern ohnehin viel zu verarbeiten haben. Das Gericht wird in diesen Fällen in der Regel anordnen, dass derjenige, der die Kinder betreut, in der Mietwohnung bleiben darf, der andere ausziehen muss. Der Mietvertrag wird dahingehend geändert.

Achtung!

Entscheidet das Gericht über die Mietwohnung, ist die Zustimmung des Vermieters nicht nötig. Es sei denn, der Antrag auf Zuweisung wurde später als ein Jahr nach der Scheidung gestellt. Der Vermieter wird aber am Verfahren beteiligt (§ 7 HausratsV) und kann Beschwerde einlegen.

Beispiel

Sie sind Alleinverdiener und standen auch allein im Mietvertrag, Ihr Partner hat sich während der Ehe um die Kinder gekümmert. Müssen Sie jetzt durch Gerichtsbeschluss ausziehen, wird der Mietvertrag auf Ihren Partner umgeschrieben. Jetzt müssen Sie nicht mehr für den Mietzins gegenüber Ihrem Vermieter haften, Ihr Partner ist jetzt in der Pflicht. Der Mietzinsanspruch kann durch die neue, durch das Gericht geschaffene Situation aber gefährdet sein, beispielsweise wenn der Partner nicht viel Unterhalt von Ihnen bekommt beziehungsweise er keinen Job findet. Der Vermieter kann bei der Anhörung beantragen, dass Sie in einem solchen Fall auch weiterhin für die künftigen Mietschulden Ihres Partners mithaften.

Daneben kann das Gericht die Mietwohnung auch unter Ihnen räumlich aufteilen, wenn das möglich und zweckmäßig ist (§ 6 HausratsV). Hierfür müssen aber abgrenzbare Räumlichkeiten vorliegen, wie beispielsweise ein Miethaus und eine Einliegerwohnung.

Beispiel

Sie haben mit Ihrem Partner ein Haus gemietet. Das Gericht entscheidet, dass Ihr Partner mit den Kindern im Haus wohnen bleibt, Sie die Einliegerwohnung beziehen. Es werden zwei getrennte Mietverträge mit dem Vermieter geschlossen.

Ohne Gericht

Haben Sie allein oder mit Ihrem Partner den Mietvertrag unterschrieben, haften Sie gegenüber Ihrem Vermieter. Sie müssen für die gesamte Miete aufkommen, wenn der Vermieter das verlangt – selbst dann noch, wenn Sie schon ausgezogen sind. Der Vermieter kann sich also auch weiterhin an Sie wenden, um die Miete zu erhalten. Im sogenannten Außenverhältnis, Ihrem Verhältnis zu Ihrem Vermieter, bleiben Sie Schuldner.

Im Innenverhältnis, das heißt im Verhältnis zwischen Ihnen und Ihrem Partner, sieht die Haftungsfrage nach Ihrem Auszug anders aus. Auch wenn Sie als Alleinverdiener bisher den Mietzins entrichtet haben, muss jetzt Ihr Partner allein dafür aufkommen. Im Innenverhältnis kann er nicht mehr auf Sie zurückgreifen.

Verlangt der Vermieter nach Ihrem Auszug den Mietzins von Ihnen, können Sie im Innenverhältnis den Betrag von Ihrem Ex-Partner zurückfordern. Problematisch wird diese Möglichkeit allerdings, wenn er nicht zahlt beziehungsweise zahlen kann.

WISO rät

Sie müssen sich bei Auszug dringend darum kümmern, dass der Mietvertrag geändert wird – also nur noch Ihr Partner als Mieter eingetragen ist. Sie haften sonst im Außenverhältnis weiter. Fordern Sie Ihren Vermieter auf, Sie aus dem Mietvertrag zu entlassen.

Ihr Vermieter kann berechtigte Gründe haben, Sie als Mieter halten zu wollen. Schließlich verliert er mit Ihnen eine Person, die er für die Entrichtung des Mietzinses haftbar machen kann. Weigert sich Ihr Vermieter, den Mietvertrag zu ändern, obwohl er keine nachvollziehbaren Gründe dafür vorzuweisen vermag, können Sie seine Zustimmung bei Gericht einfordern.

> **Achtung!**
> Sie können die Wohnung nicht einseitig kündigen. Stehen Sie und Ihr Partner im Mietvertrag, müssen Sie beide kündigen, sonst kann der Vertrag nicht beendet werden.

Sie können aber gegenüber Ihrem Partner und Mitmieter einen Anspruch auf Mitwirkung bei der Kündigung oder auf Freistellung von den Verpflichtungen aus dem Mietvertrag haben. Immer dann, wenn Ihr Partner kein schutzwürdiges Eigeninteresse am gemeinsamen Fortbestand des Mietverhältnisses hat. Davon geht der Bundesgerichtshof zum Beispiel aus, wenn der in der Immobilie verbleibende Partner drei Jahre lang die Miete alleine entrichtet hat. In diesem Fall ist ein Mietaufhebungsvertrag mit dem Vermieter auch ohne Zustimmung des anderen möglich (BGH vom 3.3.2004, Az.: VIII ZR 124/03).

Zugewinnausgleich

Der Zugewinnausgleich ist ein wichtiger Bestandteil der Vermögensaufteilung nach einer Scheidung. Alles, was Sie und Ihr Partner während der Ehe an Vermögen gebildet haben, soll geteilt werden – auch oder besser gesagt insbesondere dann, wenn ein Partner berufstätig und der andere zu Hause war (etwa wegen Kindererziehung). Die spannende Frage lautet hier: Was wird geteilt und wie wird es geteilt?

Güterstand

Was und wie zu teilen ist, hängt maßgeblich vom sogenannten Güterstand der Ehe ab. Man unterscheidet:

- Zugewinngemeinschaft
- Gütertrennung
- Gütergemeinschaft
- Eigentums- und Vermögensgemeinschaft

Wird kein Ehevertrag geschlossen, der den Güterstand einvernehmlich festlegt, gilt die Zugewinngemeinschaft – man spricht bei ihr deshalb vom gesetzlichen Güterstand. Neun von zehn deutschen Ehen liegt dieser Güterstand zugrunde. Deshalb wird es in diesem Kapitel hauptsächlich darum gehen, wie der eheliche Zugewinn im gesetzlichen Güterstand aufgeteilt wird. Zunächst aber kurz zu den weiterhin genannten, doch eher seltenen Fällen.

Gütertrennung

Die Gütertrennung können Sie nur durch einen notariellen Vertrag als ehelichen Güterstand wählen (§ 1414 BGB). Sie tritt nur dann automatisch in Kraft, wenn beide Ehepartner (ebenfalls in einem notariellen Vertrag) den Versorgungsausgleich ausschließen.

Bei der Gütertrennung bleiben auch während der Ehe Ihre Vermögensteile getrennt, es findet kein finanzieller Ausgleich statt. Selbst dann nicht, wenn Ihr Ehepartner während der Ehe deutlich mehr als Sie an Vermögen hinzugewinnt, weil Sie vielleicht die Kinder betreut haben oder krank waren. Insofern führt man mit der Gütertrennung einen Zustand herbei, wie er ansonsten in »wilder Ehe« üblich ist. Das kann sinnvoll sein, wenn Sie zum Beispiel Erbe eines großen Vermögens sind und Sie bei Eheschließung noch nicht ganz sicher sind, ob Sie mit Ihrem neuen Ehepartner immer zusammenbleiben werden. Eine Gütertrennung ist auch dann nachvollziehbar, wenn Ihnen eine Firma gehört. Egal ob Sie glauben, dass diese stark wachsen wird oder gerade das Gegenteil eintritt – Sie müssen zumindest befürchten, über den Zugewinn Ihren Partner nicht auszuzahlen zu können.

> **Achtung!**
> Die Gütertrennung schließt nicht aus, dass Sie sich mit Ihrem Ehepartner gemeinsam Eigentum kaufen.

Sie können die Gütertrennung auch noch während des laufenden Scheidungsverfahrens vereinbaren.

Gütergemeinschaft

Die Gütergemeinschaft ist im Bürgerlichen Gesetzbuch festgelegt (§ 1415ff.), sie kommt allerdings in der heutigen Rechtspraxis so gut wie nicht mehr vor. Sie stellt in eigentumsrechtlicher Sicht einen vorbehaltslosen Schritt in die Ehe dar, weil durch die Gütergemeinschaft jegliches individuelles Eigentum (auch das, was Sie vor der Trauung schon besaßen) zum hälftigen Eigentum des Ehepartners wird.

> **Achtung!**
> Jegliches Vermögen beider Ehepartner (gleichgültig ist dabei der Erwerb vor oder in der Ehe) gehört zu gleichen Teilen beiden. Das gilt auch für »erwirtschaftete« Schulden!

Ausgenommen von der Gütergemeinschaft sind nur Güter, die nicht übertragbar sind (Sondergüter) oder die einem der Ehepartner geschenkt oder vermacht werden mit der ausdrücklichen Bestimmung, dass sie nur ihm gehören sollen (Vorbehaltsgut).

Eigentums- und Vermögensgemeinschaft

Der gesetzliche Güterstand für in der DDR geschlossene Ehen war die Eigentums- und Vermögensgemeinschaft, die sich dadurch auszeichnete, dass alle während der Ehe erworbenen Vermögensgegenstände beiden Ehepartnern zu gleichen Teilen gehörten. Nach dem Einigungsvertrag gilt für alle in der DDR geschlossenen Ehen aber heute der westdeutsche gesetzliche Güterstand der Zugewinngemeinschaft, es sei denn, dem wurde bis Oktober 1992 ausdrücklich widersprochen.

Die Zugewinngemeinschaft

Der gesetzliche Stand der Zugewinngemeinschaft legt fest, dass

- alles, was Sie vor der Eheschließung besaßen, auch nach einer Scheidung Ihr alleiniges Eigentum bleibt;
- alles, was Sie nach der Scheidung an Vermögen hinzugewinnen, ebenfalls Ihr alleiniges Eigentum bleibt;
- alles, was Sie an Vermögen während der Ehe hinzugewinnen, mit Ihrem Ehepartner bei der Scheidung teilen müssen. Gleiches gilt natürlich auch für das Vermögen, das Ihr Ehepartner während der Zeit der Ehe hinzugewinnt – das muss er natürlich auch mit Ihnen teilen.

Ausgestaltung der Zugewinngemeinschaft/Eheverträge

Grundsätzlich dürfen Ehepartner, auch noch während des laufenden Scheidungsverfahrens, sich über den Zugewinnausgleich in einem Ehevertrag einigen, der allerdings der notariellen Beurkundung bedarf. Die güterrechtliche Auseinandersetzung kann so aus dem gerichtlichen Scheidungsverfahren ausgeklammert werden.

Allerdings darf ein Ehevertrag nicht so geschlossen werden, dass er einen Ehepartner über Gebühr bevorteilt, insbesondere wenn der andere Partner aus einer Notlage heraus diesen Ehevertrag unterschreibt beziehungsweise glaubt, unterschreiben zu müssen.

Eheverträge haben dort ihre Grenzen, wo sie »nicht Ausdruck gleichberechtigter Lebenspartnerschaft« sind, sondern wenn ein Ehepartner aufgrund seiner überlegenen Verhandlungsposition den Ton angibt.

Beispiel

Sie verzichten auf alle gesetzlichen Ansprüche aus der Ehe, obwohl Sie dadurch in unangemessener Weise belastet werden. Das ist ein Indiz dafür, dass im Ehevertrag einseitig Interessen durchgesetzt wurden. Der Vertrag kann daher unwirksam sein. (Bundesverfassungsgericht, Urteil vom 29.03.2001, Az.: 1 BvR 1766/92)

Der Vertragsfreiheit bezüglich der Ausgestaltung des Zugewinnausgleichs sind also Grenzen gesetzt, insbesondere durch den Gesichtspunkt der Sittenwidrigkeit von Verträgen. Eine richterliche Kontrolle von Eheverträgen und ihren Regelungen zum Zugewinnausgleich ist also immer gegeben. Ein Missbrauch der Vertragsfreiheit im Güterrecht führt dazu, dass benachteiligende Regelungen solcher Verträge unwirksam sind.

Ganz allgemein kann man davon ausgehen, dass Gerichte sicherlich misstrauisch werden, wenn auf gesetzlich festgelegte Scheidungsfolgen einseitig verzichtet wird, beispielsweise:

• Unterhalt
• Erbansprüche
• Versorgungsausgleich

Wie wird der Zugewinn berechnet?

Die Berechnung des Zugewinns regelt das Bürgerliche Gesetzbuch (§ 1378 BGB). Übersteigt der Zugewinn des einen Ehepartners den Zugewinn des anderen, so steht die Hälfte des Überschusses dem anderen Ehepartner als Ausgleichsforderung zu.

Wie der Zugewinn berechnet wird, ist zumindest in der Theorie relativ einfach: Man betrachtet Ihr Vermögen sowie das Ihres Ehepartners am Tag der Eheschließung und am Tag der Zustellung des Scheidungsantrags. Haben beispielsweise Sie mehr als Ihr Partner dazugewonnen, müssen Sie ihm die Hälfte der Differenz abtreten.

Beispiel

Sie hatten ein Anfangsvermögen von 100 000 Euro und ein Endvermögen von 300 000 Euro. Ihr Partner hatte ein Anfangsvermögen von 150 000 Euro und ein Endvermögen von 190 000 Euro. Sie haben also während der Ehe einen Zugewinn von 200 000 Euro erwirtschaftet, Ihr Partner einen Zugewinn von lediglich 40 000 Euro. Die Differenz zwischen den Zugewinnen beträgt 160 000 Euro. Die Hälfte davon, also 80 000 Euro, müssen Sie an Ihren Ehepartner als Zugewinnausgleich zahlen.

Neue Rechtslage: Verrechnung von Schulden

Schulden spielten bereits nach der alten Rechtslage eine große Rolle – allerdings eine ganz andere als nach der neuen Rechtslage seit September 2009.

Alte Rechtslage Bis zum 1. September 2009 konnte der Zugewinn nie kleiner sein als null. Man könnte also sagen, nach alter Rechtslage war die Zugewinngemeinschaft niemals eine Verlustgemeinschaft. Sie haben also nie mit Ihrem in die Ehe eingebrachten Vermögen für die Schulden des anderen (zumindest beim Zugewinnausgleich) einstehen müssen.

Neue Rechtslage Seit 1. September 2009 gilt das Gesetz zur Änderung des Zugewinnausgleichs und des Vormundschaftsrechts. Ab jetzt werden mit in die Ehe eingebrachte Schulden beim Zugewinnausgleich verrechnet. Man spricht hierbei von »negativem Anfangsvermögen«: Schließlich sei auch die Schuldentilgung ein ehelicher Zugewinn.

Beispiel

Sie haben ein Anfangsvermögen von 50 000 Euro, Ihr Partner bringt jedoch 40 000 Euro Schulden mit in die Ehe. Ihr Ehepartner und Sie erwirtschaften während der Ehe jeweils ein Endvermögen von 100 000 Euro, zusätzlich zur Schuldentilgung. Ihr Zugewinn beträgt also 50 000 Euro, der Ihres Partners 140 000 Euro (nach alter Regelung nur 100 000 Euro).

Nach alter Regelung hätten Sie bei Scheidung einen Anspruch aus dem Zugewinnausgleich in Höhe von 25 000 Euro, nach neuer Rechtslage steht Ihnen ein Zugewinnausgleich in Höhe von 45 000 Euro zu.

Neue Rechtslage: Vermögensminderung

Schon nach alter, bis zum 1. September 2009 geltender Rechtslage wurden vorsätzliche Vermögensminderungen zulasten Ihres Noch-Ehepartners vor Einreichung des Scheidungsantrags dem Endvermögen zugerechnet (§ 1375 Abs. 2 BGB). Damit sollte vermieden werden, dass Sie Sach- oder Barwerte beiseiteschaffen. Immer wieder aber kam es zu Fällen wie diesem:

Beispiel

Ihr Partner besitzt etwa einen relativ teuren neuen Sportwagen, Zeitwert geschätzt 40 000 Euro. Als er von Ihrem Scheidungsantrag erfährt, verkauft er ihn an seinen besten Freund zu einem Freundschaftspreis, sagen wir 20 000 Euro. Was er Ihnen verschweigt: Ist die Scheidung erst einmal durch, erhält er von seinem Freund die übrigen 20 000 Euro. Damit hat er Vermögen beiseitegeschafft, seinen Zugewinn geschmälert und Sie um viel Geld im Zugewinnausgleich gebracht.

Nach der alten Regelung gab es sogar ein »offizielles« Schlupfloch: »Die Höhe der Ausgleichsforderung wird durch den Wert des Vermögens begrenzt, das nach Abzug der Verbindlichkeiten bei Beendigung (!) des Güterstandes vorhanden ist.« (§ 1378 Abs. 2 BGB) Das neue Gesetz mit Wirkung seit dem 1. September 2009 will diese Vermögensminderung zwischen Einreichung des Scheidungsantrags und Scheidungsbeschluss verhindern.

Auch nach Zugang des Scheidungsantrags wurde nach altem Recht noch geschummelt. Noch in dieser Phase wurden Geld oder Sachwerte »beiseitegeschafft«: Die endgültige Höhe der Ausgleichsforderung wurde nämlich mit dem Wert festgesetzt, den das Vermögen zu einem regelmäßig deutlich späteren Zeitpunkt hatte, nämlich dem der rechtskräftigen Scheidung durch das Gericht.

Die Güterrechtsreform sieht daher vor, dass jetzt die Zustellung des Scheidungsantrags nicht nur für die Berechnung des Zugewinns, sondern auch für die konkrete Höhe der Ausgleichsforderung maßgeblich ist. Können Sie als Grund für Ihren Vermögensschwund allerdings Kursverluste bei börsennotierten Geldanlagen oder die Insolvenz Ihrer Firma oder den Totalschaden Ihres nicht Vollkasko versicherten Autos als Gründe anführen, müssen Sie nicht für den Geldschwund haften – in allen anderen (vorsätzlich herbeigeführten) Fällen allerdings schon, wenn Sie als Ausgleichsverpflichteter nicht entsprechende Gegenbeweise beibringen können. Die Zeiten des Kleinrechnens von Vermögen sind somit vorbei.

> **Achtung!**
> Damit Sie das alles nachprüfen können, haben nun beide Ehepartner ein Auskunftsrecht und eine Auskunftspflicht.

Etwas Gutes bringt das neue Gesetz aber auch für Sie als Zahlungspflichtigen. Sie müssen nur noch maximal die Hälfte Ihres Vermögens abtreten, auch wenn Ihr Ehepartner Schulden hat.

> **Achtung!**
> Die Gesetzesnovelle regelt den Zugewinnausgleich unter Eheleuten und für eingetragene gleichgeschlechtliche Lebensgemeinschaften. Nichteheliche Lebensgemeinschaften (»wilde Ehen«) werden von diesem Gesetz nicht berührt.

Damit das neue Recht in der Praxis auch leichter durchsetzbar ist, schafft das neue Güterrecht auch eine neue Verfahrensform: Künftig können Sie Ansprüche in einem vorläufigen Rechtsschutzverfahren vor Gericht sichern. Damit wird verhindert, dass Ihr Ehepartner sein Vermögen ganz oder in Teilen beiseiteschafft.

Was wird im Zugewinnausgleich verrechnet?

Man könnte annehmen: Alles, was man zu Geld machen kann, minus die Schulden, das ist mein Vermögen. Falsch! Ganz so einfach ist die Rechnung nicht.

Zum Zugewinn gehört folgendes Vermögen:

- Geldvermögen (zum Beispiel Tagesgeld, festverzinsliche Wertpapiere, Aktien etc.)
- Bausparverträge
- Immobilien
- Auto
- Schmuck
- Forderungen gegenüber Dritten (Sie haben eine Rechnung geschrieben, das Geld ist aber noch nicht auf Ihrem Konto eingegangen)
- Schadenersatzansprüche
- Lebensversicherungen ohne Rentenauszahlungsplan (berechnet mit Zeitwert, nicht mit dem niedrigeren Rückkaufswert)
- Abfindungen (wenn sie als Vergütung für die Vergangenheit und nicht als Altersvorsorge gelten)
- Unternehmensbeteiligungen
- Steuerrückzahlungen
- Schmerzensgelder (nach BGH-Rechtsprechung)
- Nießbrauch- und Wohnrecht (Verrechnung, wenn einer der Partner etwa kostenfrei bei den Eltern wohnt, während der andere Miete zahlt)
- seit 1.9.2009: Schulden (auch Steuerschulden)

Beispiel
Ihr Partner macht während der Ehe einen hohen Lottogewinn. Auch dieser unterliegt dem Zugewinnausgleich. (Bundesgerichtshof vom 22.12.1976, Az.: 1 VZR 11/76)

Es ist es völlig unerheblich, ob Sie Ihr Vermögen während der Ehe »umschichten«. Rein rechnerisch macht es nämlich keinen Unterschied, ob Sie sich von einem Bankguthaben während der Ehe etwa eine Immobilie kaufen. Die Art Ihres Vermögens ist belanglos – zumindest bei der Gegenüberstellung von Anfangs- und Endvermögen.

Erbschaften und Schenkungen Vom Zugewinnausgleich ausgenommen sind Erbschaften und Schenkungen. Sie gehören ausschließlich dem Beschenkten beziehungsweise Erben (was übrigens nur für Eheleute gilt, nicht jedoch für Verlobte).

Rein rechtlich bleiben Erbschaften und Schenkungen dennoch in der Zugewinnberechnung nicht ganz unberücksichtigt, sondern werden dem Anfangsvermögen, aber auch dem Endvermögen zugerechnet. Das klingt wie ein Nullsummenspiel, ist es aber nicht. Die Wertsteigerung einer Erbschaft während der Ehe zählt dadurch als Zugewinn.

Beispiel

Sie erben während Ihrer Ehe eine Immobilie im Wert von 100 000 Euro. Diese 100 000 Euro sind damit Anfangsvermögen. Die Immobilie erfährt eine Wertsteigerung (gleichgültig, ob Sie sie verkaufen oder nicht), und bei der Scheidung ist die Immobilie 140 000 Euro wert. Das ist das Endvermögen. In diesem Fall fließt die Erbschaft dann doch (zum Teil) in den Zugewinn mit ein, weil die Wertsteigerung in Höhe von 40 000 Euro Teil Ihres ehelichen Zugewinns ist, den Sie bei der Scheidung ausgleichen müssen. Dabei ist es übrigens gleichgültig, ob die Wertsteigerung Ihrer Immobilie durch einen allgemeinen Anstieg der Immobilienpreise zustande kommt oder durch besonderes persönliches Engagement und Können bei der Verschönerung oder Instandhaltung Ihres Eigenheims.

Ein Sonderfall ist die Schenkung, die Sie von Ihrem Ehepartner während der Ehe erhalten haben. Hierbei kommt es darauf an, was der Schenker beabsichtigt hat (§ 1380 BGB).

Wenn der Schenker nichts Abweichendes schriftlich festgelegt hat, geht man davon aus, dass Geschenke, die unter Ehepartnern üblich sind, insbesondere Weihnachts- und Geburtstagsgeschenke, persönliches Eigentum des Beschenkten bleiben und beim Zugewinnausgleich keine Rolle spielen.

Etwas anderes gilt bei unüblich großen Geschenken unter Verheirateten. Erhalten Sie beispielsweise von Ihrem Ehepartner »Großgeschenke«, dann vermutet der Gesetzgeber, dass diese, wenn nichts Abweichendes vertraglich festgelegt wird, mit in den Ausgleich des Zugewinns einfließen sollen; dazu zählen:

- Immobilien,
- Grundstücke,
- Firmenanteile,
- Größere Kapitalvermögen (Aktiendepots oder Ähnliches).

Von dieser Berücksichtigung von Schenkungen kennt das Gesetz (nicht nur für Eheleute) grundsätzlich nur zwei Ausnahmen:

- Das Recht des »verarmten Schenkers«. Wer sich oder jemanden, dem er Unterhalt schuldet, nicht mehr versorgen kann, darf eine Schenkung zurückfordern (§ 528 BGB).
- Wer sich schwerer Verfehlungen oder groben Undanks gegenüber dem Schenker schuldig macht, hat kein Recht, die Schenkung zu behalten (§ 530 BGB).

Die Gerichte legen die Frage, ob sich ein Ehepartner, der fremdgeht, »schwerer Verfehlungen« oder »groben Undanks« schuldig macht, sehr eng aus. Fast nie kommt es in richterlichen Entscheidungen zu einer Rückgabe der Schenkung oder zu einem Verlust des Anspruchs auf Zugewinnausgleich (dazu am Ende dieses Gesamtkapitels unter »Ausschluss des Zugewinnausgleichs« mehr).

Hausrat/Altersvorsorge Vom Zugewinnausgleich ausgenommen sind der Hausrat (er wird getrennt aufgeteilt) und Altersvorsorgeprodukte (diese werden ebenfalls getrennt geteilt, nämlich im Versorgungsausgleich).

Bewertung/Verzinsung Für die Bewertung eines Vermögens bestehen verschiedene Möglichkeiten: der Neuwert, der Zeitwert, der Substanzwert, der Liquidationswert, der Ertragswert oder der Verkehrswert. Was aber gilt beim Zugewinnausgleich?

Beim Zugewinnausgleich gilt der Verkehrswert, also beispielsweise der Preis für einen Gebrauchtwagen, der unter normalen Umständen (also bei normaler Nachfrage, etwa nach Zeitungs- und Internetinseraten) zeitnah am heimischen Markt zu erreichen ist.

Nur von Fachleuten kann berechnet werden, wie hoch der Zugewinn bei einem wachsenden mittelständischen Betrieb, einer landwirtschaftlichen Nutzfläche, die Bau- oder Bauerwartungsland wird, oder einer Zahnarztpraxis (mit wachsendem Patientenstamm) ist. Kriterien bei dieser Schätzung durch Sachverständige stellen zum Beispiel Steuerlast und Unternehmerlohn dar.

Beispielrechnung Zugewinnausgleich

Anfangsvermögen Ehemann		Endvermögen Ehemann	
Grundstück	30 000	Haus (50 %)	200 000
Hausrat (nicht einzubeziehen)		Auto	25 000
Erbschaft	25 000	Sparbuch/Girokonto	4 000
Auto	14 000	Erbschaft	25 000
Abfindung	60 000		
Aktien	10 000		
Sparbuch/Girokonto	2 000		
	141 000		*254 000*

Zugewinn Ehemann

	254 000
	− 141 000
	113 000

Anfangsvermögen Ehefrau		Endvermögen Ehefrau	
Sparbuch/Girokonto	12 000	Haus (50 %)	200 000
Schmuck	3 000	Steuerrückzahlung	2 000
Hausrat (nicht einzubeziehen)			
Schulden	− 40 000		
	− 25 000		*202 000*

Zugewinn Ehefrau

	− 25 000
	+ 202 000
	227 000

Im vorliegenden Beispiel hat der Ehemann einen Zugewinn während der Ehe von 113 000 Euro, die Ehefrau hat während der Ehezeit ihr Vermögen um 227 000 Euro vergrößern können. Die Differenz des Zugewinns beträgt 114 000 Euro (227 000 − 113 000 Euro).
Die Hälfte des Zugewinns beträgt demnach 57 000 Euro. Die Ehefrau ist im vorliegenden Beispielfall verpflichtet, ihrem Ehemann einen Zugewinnausgleich in Höhe von 57 000 Euro zu zahlen.

Alle Zahlenangaben in Euro

Indexierung

Alles wird teurer – und das ständig. Inflation ist auch in unserem Land kein Fremdwort mehr. Das hat auch Folgen für den Zugewinnausgleich. Der Bundesgerichtshof hat nämlich in einem Grundsatzurteil entschieden, dass die Geldentwertung – und die dadurch verursachte Verteuerung eines Gegenstandes – keinen Zugewinn darstellt und damit auch nicht ausgeglichen werden muss. Das klingt logisch und auch einfach, hat aber schwierige Berechnungen zur Folge. Denn man kann (wie in dem vereinfachten Beispiel oben) nicht einfach immer das Anfangsvermögen vom Endvermögen abziehen, um den Zugewinn zu berechnen. Vielmehr müssen die Gerichte den Wert des Anfangsvermögens auf den Kaufkraftwert des Geldes beim Endvermögen umrechnen.

Man muss dafür das gesamte Endvermögen indexieren (quasi auf 100 Prozent setzen) und dann mittels der Preissteigerungsraten des Statistischen Bundesamtes (Lebenshaltungskosten- beziehungsweise Verbraucherpreisindex) errechnen, wie hoch das Anfangsvermögen wirklich war. Das ist zwar sehr kompliziert, doch kann somit der Kaufkraftschwund, der während der Ehe eingetreten ist, ausgeglichen werden. Oder anders ausgedrückt: Ohne Indexierung würden Sie Ihren Ehegatten im Trennungsfall an Ihrem Anfangsvermögen teilhaben lassen.

Vermögensausgleich des Zugewinns

Der Ausgleich unterschiedlich hoher Zugewinne während der Ehe geschieht immer mittels Geld, doch nie verändert der Zugewinnausgleich etwas an bestehenden Eigentumsverhältnissen. Auch wenn Ihr Ex-Partner eine noch so hohe Summe von Ihnen verlangen kann, hat er nie ein Anrecht darauf, Sie deswegen etwa aus Ihrem (alleinigen) Immobilieneigentum zu vertreiben. Ebenso besitzt er auch nie Anspruch auf Ihr besonders schönes Auto oder Ihr besonders schönes Wochenendhäuschen. Beim Zugewinnausgleich geht es immer »nur« um Geld.

Die gemeinsame Immobilie

Niemand verlässt gerne die Immobilie, die er selbst gebaut oder zumindest lange Zeit bewohnt hat. Bei vielen (vermögenden) Trennungspärchen stellen sich dieselben Fragen: Muss das gemeinsame Haus verkauft werden? Wer darf wohnen bleiben? Wird Miete fällig?

Der Gesetzgeber hat auch hier einige grundlegende Regelungen getroffen:

- §749 BGB: Jeder Miteigentümer einer Immobilie kann jederzeit die Aufhebung der Miteigentümerschaft verlangen.
- §753 BGB: Bei gemeinsamen (unbebauten) Grundstücken wird, wenn sich keine andere Lösung findet, auf Antrag eines Ehegatten hin die Zwangsversteigerung eingeleitet. Der Versteigerungserlös wird geteilt.
- §1365 BGB: Der Antrag auf Zwangsversteigerung bedarf der Zustimmung des anderen Ehegatten, wenn Ihre Ehe noch nicht geschieden ist; insbesondere, wenn der Immobilienbesitz fast das gesamte Vermögen des Ehegatten ausmacht.
- §180 Zwangsversteigerungsgesetz: Das Zwangsversteigerungsverfahren wird zurückgestellt, wenn durch die Versteigerung einer Immobilie das Wohl eines gemeinsamen Kindes beeinträchtigt würde (was beim erzwungenen Auszug eigentlich immer gilt).

Wegfall oder Ausschluss des Zugewinnausgleichs

Der Zugewinnausgleich ist keine Pflichtveranstaltung bei einer Scheidung wie der Versorgungsausgleich. Er wird auch nicht automatisch von Amts wegen eingeleitet und bei Gütertrennung entfällt er ohnehin komplett. Das bedeutet: Wenn Sie glauben, beim Zugewinnausgleich etwas »herausholen« zu können, müssen Sie selbst aktiv werden. Entweder Sie einigen sich mit Ihrem früheren Ehepartner oder Sie müssen vor Gericht gehen.

Im Scheidungsverfahren auf der Berechnung des Zugewinnausgleichs zu bestehen ist unsinnig, wenn es ohnehin nichts zu verteilen gibt. Ein solches Anliegen verteuert und verzögert nur das Scheidungsverfahren.

Beispiel

Ihr Partner und Sie bringen beide kein nennenswertes Vermögen, aber auch keine Schulden mit in die Ehe. Während der Ehe erwerben Sie zusammen ein Einfamilienhäuschen, für das Sie und Ihr Ehepartner hälftig im Grundbuch als Eigentümer eingetragen sind. Außer dem Haus besitzen Sie keine nennenswerten Vermögenswerte. Anfangs- und Endvermögen sind damit bei Ihnen und Ihrem Partner gleich hoch, der Zugewinn ist für Sie wie für Ihren Partner ein halbes Häuschen. Es kommt zu keinem Zugewinnausgleich.

Auch beim gesetzlichen Stand der Zugewinngemeinschaft gibt es Gestaltungsmöglichkeiten, allerdings nur innerhalb eines notariell beglaubigten Ehevertrages. So können Sie etwa

- bestimmte Gegenstände aus dem Zugewinn ausklammern (meist bei Betriebsvermögen),
- bestimmte Gegenstände mit einem Stichtagsvermögen bewerten,
- als Zugewinn eine pauschale Summe vereinbaren,
- als Zugewinn einen Vermögensgegenstand übertragen.

Achtung!
Achten Sie darauf, dass es hierbei gerecht zugeht. Kann Ihnen Ihr Partner nachweisen, dass Sie ihn mit einem solchen Vertrag übervorteilen, so hat er vor Gericht gute Chancen, die Nichtigkeit dieser Vereinbarung wegen Sittenwidrigkeit feststellen zu lassen.

Ausschluss des Zugewinnausgleichs

Kam es zu ehelichen Verfehlungen Ihres Partners, die dazu führen, dass Sie ihm keinen Zugewinnausgleich zahlen müssen? Die Antwort: theoretisch ja, praktisch nein.

Der Gesetzgeber legt dafür einen »Gummiparagraphen« vor, den die deutschen Gerichte sehr eng auslegen. Vom Zugewinnausgleich kann abgesehen werden, wenn dieser Vorgang »grob unbillig wäre«. Ein solcher liege insbesondere dann vor, wenn »der Ausgleichsberechtigte längere Zeit hindurch die wirtschaftlichen Verpflichtungen, die sich aus dem ehelichen Verhältnis ergeben, schuldhaft nicht erfüllt hat« (§ 1381, Abs. 2 BGB).

Bisher haben deutsche Gerichte nur in sehr wenigen Fällen aufgrund dessen den Zugewinnausgleich versagt. Ehelicher (verbaler) Streit oder gelegentliche Verstöße gegen »eheliche Pflichten«, die oft genug zu Scheidungen führen, reichen auf keinen Fall aus, den Zugewinnausgleich nicht zu gestatten.

Oberlandesgerichte haben den (vollen) Zugewinnausgleich versagt, wenn der Ehepartner

- während der Ehe vier außereheliche Beziehungen hatte;
- sich trotz gemeinsamer Kinder so gut wie nie zu Hause hat sehen lassen;
- sein komplettes Gehalt für sich beanspruchte, der Ehepartner mit deutlich weniger sich und die gemeinsamen Kinder durchbringen musste und dennoch Geld sparte. Auch hier musste der »ärmere« Ehepartner nicht noch Zugewinnausgleich leisten, nachdem der »reichere« sein Vermögen durch Glücksspiel durchgebracht hatte.

Etwas konkreter wird das Gesetz in Bezug auf wirtschaftliche Schäden. So sehen Ihre Chancen, Ihrem Ex-Partner keinen Zugewinnausgleich zahlen zu müssen, deutlich besser aus, wenn Ihnen ein fremdes Kind »untergeschoben« wurde. Denn hier haben Sie durch den Unterhalt für das Kind auch einen messbaren wirtschaftlichen Schaden erlitten, und ein solcher zählt in diesen Paragraphen deutlich mehr als seelische Belastungen.

Zugewinnausgleich: Was Sie sonst noch wissen sollten

Verzinsung Zahlungen des Zugewinnausgleichs werden mit Rechtskraft des Scheidungsbeschlusses fällig. Ab diesem Zeitpunkt besteht auch ein Anrecht auf Verzinsung der Ansprüche. Die Ausgleichsforderung ist außerdem nach dem Bürgerlichen Gesetzbuch sowohl vererbbar als auch abtretbar (§ 1378 BGB).

Stundung Häufig ist es in der Praxis (insbesondere bei Selbstständigen und Freiberuflern) der Fall, dass mitunter extrem hohe Zugewinnausgleichszahlungen zu leisten sind. Dann kann es passieren, dass der Familienbetrieb, die Firma sich so verschulden müsste, dass unter Umständen sogar ihr Fortbestehen infrage steht. Das Gesetz sieht für diese Fälle die Möglichkeit einer Stundung, also eines Aufschiebens der Zahlungsverpflichtung vor (§ 1382 BGB). Eine Stundung wird regelmäßig auch eingeräumt, wenn eine Immobilie veräußert werden müsste, in der minderjährige Kinder großgezogen werden.

Vorzeitiger Zugewinnausgleich Was viele Ehepartner nicht wissen: Sie müssen nicht immer mit dem Zugewinnausgleich warten, bis der Scheidungsbeschluss ergangen ist. Das Bürgerliche Gesetzbuch nennt ausdrücklich mehrere Fallkonstellationen, bei denen ein früherer Ausgleich möglich ist. Der vorzeitige Zugewinnausgleich wird gesetzlich eingeräumt

- bei mindestens drei Jahren dauerndem Getrenntleben (§ 1385 BGB);
- bei Versagen der Auskunftspflicht über die Vermögensverhältnisse (§ 1386 BGB);
- bei schuldhafter Nichterfüllung »wirtschaftlicher Ehepflichten« (§ 1381 BGB).

Für einen vorzeitigen Zugewinnausgleich ist eine Klage erforderlich. Die Einreichung der Klage legt automatisch den Stichtag für die Berechnung des Endvermögens fest. Überlegen Sie sich also vor Klageeinreichung gut, ob Sie oder Ihr Partner in näherer Zukunft noch einen deutlichen Vermögenszuwachs erwarten.

Verjährung Der Anspruch auf den Zugewinnausgleich verjährt nach drei Jahren. Konkret heißt das: Wenn etwa Ihr Ex-Partner mit den Zahlungen aus Schlampigkeit in Rückstand gerät oder sie Ihnen ganz verweigert, müssen Sie Klage innerhalb der ersten drei Jahre nach dem Scheidungsbeschluss einreichen. Ansonsten verfällt Ihr Anspruch.

Zugewinnausgleich beim Tod des Ehepartners

Nur in Sonderfällen kommt es auch im Todesfall zu einem regulären Zugewinnausgleich, und zwar:

- wenn Ihr verstorbener Ehegatte Sie enterbt hat und Ihnen kein Vermächtnis zusteht;
- wenn Sie die Erbschaft Ihres verstorbenen Ehepartners ausschlagen (weil Sie zum Beispiel mit so wenig bedacht wurden, dass Sie sich über den Zugewinnausgleich besser stellen).

In allen anderen Fällen kommt es im Todesfall zu einem »pauschalen« Zugewinnausgleich, den der Gesetzgeber über das Erbrecht festgelegt hat. Wird nach Paragraph 1371 BGB der Güterstand durch den Tod eines Ehegatten beendet, wird der Ausgleich des Zugewinns dadurch verwirklicht, dass sich der gesetzliche Erbteil des überlebenden Ehegatten um ein Viertel der Erbschaft erhöht.

Eine Ehe wird zwar häufig durch Scheidung aufgelöst, aber auch durch den Tod eines Ehepartners. Existierte der erwähnte Paragraph 1371 BGB nicht, würden Sie in einem solchen Fall nur ein Viertel des Vermögens Ihres verstorbenen Ehepartners erben, wenn außer Ihnen noch Kinder zu berücksichtigen sind. Um im Todesfall Streitigkeiten mit den anderen Erben zu vermeiden, setzt der Gesetzgeber den Zugewinnausgleich in diesem Fall pauschal fest – er erhöht sich für den hinterbliebenen Ehepartner um ein weiteres Viertel auf die Hälfte.

Achtung!

Der Gesetzgeber geht mit dem Zugewinn im Todesfall ganz bewusst anders um als im Scheidungsfall. Im Todesfall erbt der überlebende Ehepartner auf jeden Fall (wenn Vermögen vorhanden ist) – auch wenn er bei Scheidung im Rahmen des Zugewinnausgleichs hätte zahlen müssen.

Beispiel

Sie haben zwei Kinder, Ihr Ehepartner verstirbt während der Ehe. Sie erben die Hälfte (ein Viertel »Erbrecht« plus ein Viertel »Zugewinnausgleich«) des Vermögens, die andere Hälfte teilen sich Ihre Kinder.

Versorgungsausgleich

Es ist schon erstaunlich: Obwohl man bei der Trennung mancher Paare den Eindruck gewinnt, es gehe ihnen nur ums Geld, so wird doch das Thema Versorgungsausgleich oft stiefmütterlich behandelt. Viel dreht sich bei Trennungspaaren um den Unterhalt, manche denken noch an den Zugewinnausgleich, aber das Thema Versorgungsausgleich wird oftmals gemieden. Es ist wie bei der verwandten Problematik der Rente beziehungsweise der Altersvorsorge: Niemand weiß so recht, was auf einen zukommt, wie die Ansprüche berechnet werden und wie es zur »Stunde null«, wenn man in Rente geht, mit den Ansprüchen konkret aussieht. Auch beim Versorgungsausgleich kann es sich um viel Geld drehen, besonders dann, wenn nur einer der Ehepartner gearbeitet und gut verdient hat. Denn der Versorgungsausgleich regelt die Aufteilung der zukünftigen Rentenansprüche, die während der Ehe angesammelt wurden.

Zwischen den geschiedenen Ehegatten findet ein Versorgungsausgleich statt, soweit für einen von Ihnen oder beide in der Ehezeit Anwartschaften oder Aussichten auf eine Versorgung wegen Alters oder verminderter Erwerbsfähigkeit begründet oder aufrechterhalten worden sind. Außer Betracht bleiben Anwartschaften oder Aussichten, die weder mithilfe des Vermögens noch durch Arbeit der Ehegatten entstanden sind.

Worum geht es beim Versorgungsausgleich?

Rentenrechtlich werden bei jedem erwachsenen Menschen zwei Lebensphasen angesetzt: die Ansparphase und die Auszahlungsphase. Vereinfacht gesagt stellt die Ansparphase die Zeit zwischen der Ausbildung und dem Renteneintritt dar, die Zeit also, in der Sie in die Rentenkassen einzahlen. Die Auszahlungsphase ist die Zeit des Ruhestandes, die Zeit ab 65 Jahren (bald ab 67 Jahren), in der Sie Rente beziehungsweise Pension erhalten. Der Begriff »Versorgungsausgleich« lässt sich nun einfach erklären: Liegt auch nur ein kleiner Teil der Ehe während der Ansparphase, haben für diese Zeit beide Ehepartner grundsätzlich einen Anspruch auf eine gleich hohe Rente, das heißt die in dieser Zeit erworbenen Rentenansprüche werden unter beiden Ehepartnern geteilt. Das soll sicherstellen, dass im althergebrachten Familienbild die Ehefrau, die die Kinder großzieht, in dieser Zeit an den Rentenansprüchen ihres Mannes zur Hälfte partizipiert, weil sie durch die Kindererziehung eine gleichwertige Arbeitsleistung für die Familie erbracht hat.

Dem Gesetzgeber war und ist der Versorgungsausgleich sehr wichtig, deshalb wird das Verfahren auch von Amts wegen eingeleitet. Oder anders gesagt, Scheidungswillige kommen nicht um den Versorgungsausgleich herum.

Achtung!

Auch bei Auflösung einer Lebenspartnerschaft nach dem Lebenspartnerschaftsgesetz (LPartG) findet ein Versorgungsausgleich statt (geregelt in § 20 LPartG).

Dagegen haben nichteheliche Lebenspartner keinen Anspruch auf einen Versorgungsausgleich, es sei denn, Sie haben einen solchen vertraglich bei einem Notar niedergelegt.

Welche Ansprüche werden einbezogen?

Versucht man die Ansprüche des Versorgungsausgleichs zu umreißen, muss man zunächst die infrage kommende Frist bemessen. Diese reicht

- vom Ersten des Monats der Eheschließung
- bis zum Letzten des Monats vor Zustellung des Scheidungsantrags durch das zuständige Familiengericht (im Gesetzeswortlaut: »bis zum Ende des Monats, der dem Eintritt der Rechtshängigkeit des Scheidungsantrags vorausgeht«, § 1587, Abs. 2 BGB).

Beispiel

Sie haben am 22. August 1986 geheiratet. Ihre Frau beantragt im Frühjahr 2009 die Scheidung, der Antrag geht Ihnen am 19. Juli 2009 zu. In diesem Fall wird der Versorgungsausgleich vom 1. August 1986 bis zum 30. Juni 2009 berechnet.

Vor der Ehe erworbene Anwartschaften für eine Altersversorgung fließen also nicht in den Versorgungsausgleich mit ein. Gleiches gilt für Anwartschaften nach der Scheidung. Allerdings werden Zeiten des Trennungsjahres oder auch längere Phasen des dauernden Getrenntlebens mit im Versorgungsausgleich berücksichtigt.

In den Versorgungsausgleich werden (fast) alle Anwartschaften einbezogen. Dazu gehören:

- Gesetzliche Rentenversicherung (Deutsche Rentenversicherung Bund)
- Beamtenversorgung (Pensionsansprüche)
- Betriebliche Altersversorgung
- Zusatzversorgungen des öffentlichen Dienstes
- Berufsständische Altersversorgungen (zum Beispiel bei Rechtsanwälten, Ärzten, Apothekern oder Architekten)
- Private Rentenversicherungen
- Tariflich vereinbarte Zusatzversorgungen
- Rentengleich wiederkehrende Leistungen (etwa die Altershilfe für Landwirte)

Achtung!

Ihre Anwartschaft aus einer privaten Kapitallebensversicherung wird nicht im Versorgungsausgleich mitgerechnet. Diese wird innerhalb der Aufteilung des ehelichen Zugewinns berücksichtigt.

Der Versorgungsausgleich betrifft Anwartschaften aus den öffentlichen Sozialsystemen (etwa der Deutschen Rentenversicherung Bund). Daneben werden privatrechtliche Ansprüche, wie etwa eine private Rentenversicherung, zur Altersvorsorge mitgezählt. Eine Unfallrente dagegen, die Sie privatrechtlich von einem Dritten erhalten, fällt nicht in den Versorgungsausgleich.

Aufteilung der Versorgungsansprüche

Um die Ansprüche des Versorgungsausgleichs aufteilen zu können, werden zunächst alle während der Ehe erworbenen Anwartschaften beider Partner addiert. Danach erhält derjenige, der weniger Ansprüche angesammelt hat, die Hälfte der Differenz zum Bessergestellten.

Beispiel

Sie haben während der Ehe 20 Entgeltpunkte innerhalb der gesetzlichen Rentenversicherung angesammelt, dazu kommt eine Betriebsrente in einer Höhe von 20 000 Euro. Ihr Partner war während der Ehe wegen der Kindererziehung nicht berufstätig. Er erhält deshalb von Ihnen 10 Entgeltpunkte für die gesetzliche Rentenversicherung und 10 000 Euro, also auch die Hälfte Ihrer Betriebsrentenansprüche.

Entgegen der landläufigen Meinung, Ihre Rentenansprüche und die Ihres Partners werden zusammengezählt und dann geteilt, gilt folgender Aufteilungsgrundsatz: Dem Ehepartner, der weniger Ansprüche erworben hat (also weniger gearbeitet und weniger verdient hat), steht die Hälfte der Differenz zu. Das macht zwar keinen Unterschied, wenn ein Ehepartner gar nicht gearbeitet hat – wohl aber, wenn beide verdient haben.

Beispiel

Sie haben Rentenansprüche in Höhe von 2 000 Euro erwirtschaftet, Ihr Partner Ansprüche in Höhe von 800 Euro. Hieraus wird die Differenz gebildet (1 200 Euro) und aufgeteilt (600 Euro). Nach der Aufteilung erhalten Sie 1 400 Euro Rentenansprüche, Ihr Partner bekommt ebenfalls 1 400 Euro.

WISO rät

Sie sollten sich nach der Scheidung um eine zusätzliche private Altersvorsorge kümmern, sofern Sie sich das irgendwie leisten können. Je länger Sie verheiratet waren, umso schmerzlicher wird Sie das Absenken Ihrer eigenen Versorgungsansprüche treffen. Freiwillige Beitragszahlungen in der gesetzlichen Rentenversicherung sind dabei nicht so lukrativ wie der Abschluss einer zusätzlichen privaten Rentenversicherung.

Die Neuregelung seit dem 1. September 2009

Der Versorgungsausgleich wurde im Frühjahr 2009 grundlegend überarbeitet. Die Bundesregierung hat einen Gesetzesentwurf in den Bundestag eingebracht, der mit geringen Änderungen den Bundesrat passierte. Der Versorgungsausgleich wurde bis 2009 in verschiedensten Gesetzen geregelt, wie zum Beispiel im Bürgerlichen Gesetzbuch, im Gesetz zur Regelung von Härten im Versorgungsausgleich, im Versorgungsausgleich-Überleitungsgesetz und in der Barwert-Verordnung. Jetzt ist er in einem Gesetz zusammengefasst.

Die alte Form des Ausgleichs von Alterseinkünfteansprüchen hat sich in den vergangenen Jahren als zunehmend ungerecht erwiesen. Anstelle des bisherigen Einmalausgleichs über die gesetzliche Rentenversicherung nach Aufrechnung aller Rentenansprüche wird jetzt jeder Versorgungsanspruch innerhalb des jeweiligen Versorgungssystems einzeln geteilt. Jeder Ehegatte erhält sein eigenes »Rentenkonto«, also einen eigenen Anspruch gegen den jeweiligen Versorgungsträger. Man nennt das »interne Teilung«.

Vorteilhaft an der Neuregelung ist, dass eine Prognose über die künftige Wertentwicklung der Versorgungsansprüche in den verschiedenen Versorgungssystemen nicht mehr erforderlich ist, denn die Ansprüche müssen nicht mehr zunächst durch die sogenannte Barwert-Verordnung wie früher miteinander vergleichbar gemacht werden. Damit entfallen damals typische Wertverzerrungen, die entstanden, weil man unsichere Prognosen insbesondere hinsichtlich der zukünftigen Verzinsung der erworbenen Ansprüche machen musste. Mit Zins und Zinseszins konnten Nachkommastellen im Zinssatz enorme Unterschiede machen. Mit der Neuregelung erhält jeder Ehepartner sein eigenes Rentenkonto. Besitzen Sie noch keines, wird es automatisch für Sie eingerichtet. Sie haben also von nun an einen eigenen Anspruch gegenüber dem jeweiligen Versorgungsträger. Der Vorteil liegt darin, dass jetzt auch schon zum Zeitpunkt der Scheidung (anders als früher) Ansprüche aus betrieblichen und privaten Altersversorgungen gerecht aufgeteilt werden können. Einbezogen werden jetzt auch Kapitalleistungen der betrieblichen Altersversorgung. Während es früher häufig noch lange nach der Scheidung zu Ausgleichs- und Abänderungsverfahren kam, hofft man nun, dass diese in Zukunft überflüssig werden.

Die externe Teilung, der sogenannte schuldrechtliche Ausgleich, ist zwar auch weiterhin möglich, er stellt aber nach der Reform 2009 die Ausnahme dar. »Extern« bedeutet, dass der Ausgleich nicht beim Versorgungsträger des

Ausgleichspflichtigen geschieht, sondern dass der Versorgungsträger den Ausgleich bei einem anderen Versorgungsträger einzahlt (meist erst bei Fälligkeit). Das kann nach jetzt gültigem neuem Recht geschehen, wenn

- der Ausgleichsberechtigte zustimmt;
- der Versorgungsträger die externe Teilung verlangt.

Das geschieht meist, wenn

- die Versorgungsansprüche (etwa bei einer Betriebsrente) noch nicht sicher sind;
- die Versorgungsansprüche im Ausland erworben worden sind;
- die Versorgungsansprüche (etwa bei manchen Betriebsrenten) nicht anders aufgeteilt werden können.

In den Fällen der externen Teilung können Sie als Anspruchsberechtigter selbst entscheiden, ob eine neue Altersversorgung begründet wird oder die Ausgleichszahlung in eine Altersversorgung fließen soll, die Sie bereits unterhalten. Insgesamt wurde der schuldrechtliche Versorgungsausgleich vom Gesetzgeber so weit wie möglich eingedämmt, weil Sie als Anspruchsberechtigter keinen eigenen Rentenanspruch erhalten und Sie die Rente erst beziehen, wenn beide Partner das Rentenalter erreicht haben.

Hat das Familiengericht die Auskünfte sämtlicher Versorgungsträger vorliegen, entscheidet es über den Versorgungsausgleich. Sollten sich die Ansprüche nach der Scheidung dramatisch verändern, können Sie vor dem zuständigen Familiengericht ein Abänderungsverfahren beantragen.

Rentnerprivileg

Für den ausgleichspflichtigen Ehepartner galt bis zur Neuregelung des Versorgungsausgleichs das sogenannte Rentnerprivileg. Die Rente wurde aufgrund des Versorgungsausgleichs erst gemindert, wenn der frühere Ehepartner ebenfalls in Rente ging (oder seine Hinterbliebenen eine Rente erhielten). Bis dahin blieb die Rente des Ausgleichspflichtigen unangetastet.

Dieses Rentnerprivileg findet nach der Neuregelung nur noch Anwendung, wenn

- das Familiengericht nach der alten Regelung über den Versorgungsausgleich entscheidet (etwa weil sich ein Verfahren sehr lange hinzieht) oder
- die Rente, die wegen des Versorgunsausgleichs zu kürzen wäre, vor dem

Eintritt der Rechtskraft der Versorgungsausgleichsentscheidung (1.9.2009) begonnen hat.

Kein Versorgungsausgleich

Der Versorgungsausgleich wird nicht aufgeteilt, wenn die Versorgungsansprüche sehr gering sind (meist unter 50 Euro monatlich) oder wenn eine Ehezeit von unter drei Jahren vorliegt. Dann findet kein Versorgungsausgleich mehr statt, es sei denn, Sie beantragen ihn. In der Regel werden aber zu geringe Werte ausgeglichen.

Auf einen Ausgleich wird auch verzichtet, wenn die Versorgungen beider Eheleute annähernd gleich hoch sind. Die Wertgrenze für diese Fälle liegt zurzeit bei etwa 25 Euro pro Monat Rentenunterschied. In diesen Fällen geht der Gesetzgeber automatisch davon aus, dass die Eheleute auf die Teilung verzichten.

> **Achtung!**
> Nach der Neuregelung haben Sie jetzt einen gesetzlichen Auskunftsanspruch. Sie können verlangen, dass Ihr Ex-Partner Ihnen alle erforderlichen Auskünfte über seine Altersversorgung zugänglich macht. Meist geschieht das schon automatisch durch das Gericht, das Ihnen und Ihrem Partner im Scheidungsverfahren ein entsprechendes Formular zum Ausfüllen zuschickt. Die Ansprüche bei der Rentenversicherung Bund beziehungsweise bei anderen Versorgungseinrichtungen allerdings wird sich das Familiengericht in der Regel eigenständig besorgen.

Die Auskunftspflicht gilt im Todesfall Ihres Partners ausdrücklich auch für dessen Hinterbliebene und Erben. Der Hintergrund: Stirbt die ausgleichspflichtige Person und besteht ein noch nicht ausgeglichenes Anrecht, können Sie als ausgleichsberechtigte Person vom Versorgungsträger die Hinterbliebenenversorgung verlangen, die erzielt worden wäre, wenn die Ehe bis zum Tod der ausgleichspflichtigen Person fortbestanden hätte. Grundsätzlich gilt beim Tod des Ehepartners: Ihre Rente wird nicht gekürzt, wenn der Ehepartner weniger als 36 Monate Rente aus Ansprüchen des Versorgungsausgleichs erhalten hat.

Vereinbarungen

Der Versorgungsausgleich wird grundsätzlich (wenn Sie keine abweichende Regelung getroffen haben) vom Gericht durchgeführt, auch wenn beide Partner das nicht wollen. Allerdings besitzen Sie Gestaltungsmöglichkeiten und können nach neuem Recht jetzt mehr selbst regeln:

• Nach dem alten Recht konnten Ehegatten durch eine Vereinbarung den Versorgungsausgleich ausschließen, nach dem neuen Recht können sie ihn dagegen gestalten.

• Nach altem Recht ist die Zustimmung des Familiengerichts zu einer freiwilligen Vereinbarung des Versorgungsausgleichs der scheidungswilligen Eheleute nötig. Jetzt prüft das Familiengericht nur noch, ob die Vereinbarung einer »Inhalts- und Ausübungskontrolle« standhält. Das Familiengericht ist an Ihre Vereinbarung gebunden, wenn es nicht grundsätzliche Hindernisse, wie etwa Sittenwidrigkeit, erkennt.

• Nach altem Recht musste die Vereinbarung spätestens ein Jahr vor Scheidungsantrag abgeschlossen sein. Jetzt können Sie noch während des Scheidungsverfahrens von Ihnen gestaltet werden. Die bis dahin erforderliche Genehmigung durch das Familiengericht hierzu entfällt.

Ein im Ehevertrag kompensationslos vereinbarter Ausschluss des Versorgungsausgleichs ist nichtig, wenn Sie bei Abschluss des Vertrags bewusst in Kauf nehmen, dass der eine Ehepartner wegen Kinderbetreuung alsbald aus dem Berufsleben ausscheiden und bis auf weiteres keine eigenen Versorgungsanrechte (abgesehen von Kindererziehungszeiten) erwerben wird. Die Abrede ist nach der Gesamtwürdigung des Vertrags sittenwidrig und der Vertrag nichtig. (Bundesgerichtshof, Urteil vom 09.07.2008, Az.: XII ZR 6/07)

Sie können nun nach der Neuregelung frei Vereinbarungen über den Versorgungsausgleich schließen. Insbesondere können Sie ihn ganz oder teilweise

• in die Regelung der ehelichen Vermögensverhältnisse einbeziehen,
• ausschließen und
• sich Ausgleichsansprüche nach der Scheidung vorbehalten.

Vorausgesetzt wird allerdings, dass der Vertrag von beiden Ehepartnern vor Scheidungsantrag geschlossen wurde und nicht sittenwidrig ist. Bestehen keine Wirksamkeits- und Durchsetzungshindernisse, ist das Familiengericht an die Vereinbarung gebunden. Eine solche Vereinbarung kann bei einem Notar abgeschlossen oder bei Gericht protokolliert werden. Da nach dem neuen Recht alle unterschiedlichen Versorgungsansprüche intern geteilt werden, können Sie verschiedene Aspekte mischen. Der Spielraum ist größer geworden, beispielsweise ist es künftig denkbar, Immobilien durch Versorgungen auszugleichen oder Vermögen gegen Versorgungsansprüche.

Beispiel

Nach neuem Recht können Sie zum Beispiel noch während des Scheidungsverfahrens festlegen, dass einer der Ehepartner auf den Versorgungsausgleich verzichtet und dafür die gemeinsame Immobilie überschrieben bekommt. Das Familiengericht überprüft solche Verträge dann nur noch hinsichtlich der Sittenwidrigkeit.

Das neue Unterhaltsrecht

Der schnöde Mammon – doch für viele ist der Unterhalt das Entscheidende bei einer Scheidung. Gerade hier hat sich Anfang 2008 so viel geändert wie noch nie im deutschen Scheidungsrecht. Wer sind die Gewinner der Reform, wer die Verlierer? Das scheint die wichtigste Frage zu sein, und um sie gleich zu beantworten: Besser stehen nach dem neuen Unterhaltsrecht die Kinder und der zahlende Ehepartner da, also derjenige, der Unterhalt leisten muss. Verlierer sind die, denen neben den Kindern Unterhalt zusteht, meist also die (nicht berufstätigen) Ehefrauen.

Kindesunterhalt

Nach dem neuen Unterhaltsrecht, das im Januar 2008 in Kraft trat, stehen jetzt Kinder an erster Stelle der Unterhaltsansprüche. Wenn es also wegen geringen Einkommens wenig zu verteilen gibt – ein sogenannter Mangelfall vorliegt –, wenn also ein Unterhaltspflichtiger nicht alle Unterhaltsansprüche bedienen kann, haben Kinder nun Vorrang vor allen anderen. Das klingt selbstverständlich – und fällt den meisten Unterhaltspflichtigen auch leichter, als für ihren Noch- oder Ex-Partner zu zahlen. Es war aber nicht immer so: Bis 2007 hatten Kinder und der Ex-Ehepartner gleichrangige Ansprüche mit dem neuen (zweiten) Ehepartner. Das hat sich geändert, Kinder stehen nun an erster Stelle, und das ist besonders in allen Mangelfällen wichtig. Wenn kaum noch etwas zu verteilen ist, sind die Ansprüche der Kinder als Erstes zu befriedigen. Dabei spielt es keine Rolle, ob die Kinder aus erster oder zweiter Ehe oder aus einer Partnerschaft ohne Trauschein stammen, sondern gilt für alle leiblichen Kinder. Diese Regelung soll Kinder vor Hartz IV bewahren – ob dies gelingt, wird man erst in mehreren Jahren beurteilen können.

Beim Kindesunterhalt sind folgende Punkte wichtig:

- Welche Kinder sind unterhaltsberechtigt?
- Wer muss Kindesunterhalt zahlen?
- Wie lange wird Kindesunterhalt gezahlt?
- Wann wird kein Kindesunterhalt gezahlt?
- Wie viel Kindesunterhalt ist zu zahlen?
- Wie wirken sich eigene Einkünfte des Kindes aus?
- Was ist Sonderbedarf bezüglich Kindesunterhalt?
- Wie wird Kindergeld/der Kinderfreibetrag verrechnet?
- Wie wirkt sich eine neue Ehe/wirken sich weitere Kinder auf den Kindesunterhalt aus?

Welche Kinder sind unterhaltsberechtigt?

Das Bürgerliche Gesetzbuch (BGB) legt in Paragraph 1601 fest: »Verwandte in gerader Linie sind verpflichtet, einander Unterhalt zu zahlen.« Allerdings wird diese Zahlungspflicht aber insoweit eingeschränkt, dass unterhaltsberechtigt nur der ist, der sich nicht selbst unterhalten kann (§ 1602 BGB).

Minderjährige Kinder

Minderjährige schulpflichtige Kinder sind immer unterhaltsberechtigt. Einen Sonderfall stellen Kinder da, die eine Lehre machen; dazu später mehr.

Leben die Eltern getrennt, müssen grundsätzlich beide Elternteile für den Unterhalt der Kinder aufkommen. Der Elternteil, bei dem die Kinder (hauptsächlich) wohnen, leistet Betreuungsunterhalt, stellt also Kost und Logis. Der andere Elternteil ist zum Barunterhalt verpflichtet, also zu einer Geldleistung. Im Folgenden ist der Einfachheit halber mit dem Begriff »Unterhalt« nur der Barunterhalt gemeint. Und noch eine feine juristische Trennung: Auch wenn der Kindesunterhalt bei Minderjährigen an den Erziehungsberechtigten (meist die Mutter) überwiesen werden muss, steht er ausschließlich dem Kind zu. Der Unterhalt kann nicht gekürzt werden, auch wenn die Mutter sich nicht an Absprachen hält und sich einer Verfehlung schuldig macht.

Beispiel

Sie haben mit Ihrem Ex-Partner vereinbart, dass Sie alle zwei Wochen Ihr Kind am Wochenende zu sich nehmen. Im Lauf der Zeit verweigert Ihr Ex-Partner Ihnen den Umgang mit Ihrem Kind. Obwohl er das ohne gerichtliche Entscheidung nicht einfach durchsetzen kann, dürfen Sie ihm auf der anderen Seite nicht einfach den Unterhalt für das Kind kürzen. Denn dadurch bestrafen Sie nur das Kind.

Wenn ein geschiedener Elternteil die gemeinsamen Kinder über das übliche Maß hinaus betreut, kann er den Unterhalt in der Regel trotzdem nicht kürzen. Derjenige Elternteil, bei dem sich das Kind weniger oft aufhält, muss allein für den Barunterhalt aufkommen. Betreut er die Kinder öfter, als er muss, tut er das freiwillig.

Beispiel

Sie betreuen als Unterhaltspflichtiger Ihre Kinder alle zwei Wochen für vier Tage und die Hälfte der Ferienzeit. Das ist mehr als üblich, denn in der Regel nimmt der Unterhaltspflichtige die Kinder nur an zwei Tagen alle zwei Wochen und die Hälfte der Ferienzeit. Dennoch hat der Bundesgerichtshof in diesem Fall entschieden, dass der volle Kindesunterhalt zu leisten ist. (Bundesgerichtshof, Urteil vom 28.02.2007, Az.: XII ZR 161/04)

Achtung!
Schon seit der Änderung des Kindesunterhaltsgesetzes vom 1. Juli 1998 gibt es keinen Unterschied mehr zwischen den Ansprüchen eines ehelichen und eines nichtehelichen Kindes.

Volljährige Kinder

Gegenüber volljährigen Kindern sind immer *beide* Elternteile barunterhaltspflichtig. Das gilt auch für volljährige Kinder, die noch zur Schule gehen und im Haushalt eines Elternteils wohnen. Der Elternteil, bei dem das Kind lebt, kann allerdings den Barunterhalt mit dem geleisteten sogenannten Naturalunterhalt verrechnen.

Ist ein volljähriges Kind noch in der Ausbildung, können Sie als Eltern darauf bestehen, dass das Kind bei Ihnen wohnen bleibt. Sie leisten dann einen Naturalunterhalt und können Ihrem Kind zum Beispiel eine eigene Mietwohnung verweigern (§ 1612 Abs. 2 BGB). Anders sieht es aus, wenn die Gewährung von Naturalunterhalt nicht möglich ist, weil Ihrem Kind entgegen seinem Wunsch, am Wohnort zu studieren, ein auswärtiger Studienplatz zugeteilt wurde. Dann müssen Sie als Eltern auch Barunterhalt zahlen. (Bundesgerichtshof, Urteil vom 20.03.1996, Az.: XII ZR 45/95)

Beispiel
Sie und Ihr Ex-Partner müssen jeweils 250 Euro Unterhalt zahlen. Wohnt das Kind bei Ihnen und können Sie für Kost und Logis 200 Euro ansetzen, müssen Sie Ihrem Kind nur noch 50 Euro in bar geben. Ihr Ex-Partner muss dagegen den vollen Betrag von 250 Euro zahlen.

Noch komplizierter wird es allerdings dadurch, dass beide Elternteile dem volljährigen Kind gegenüber nicht in gleicher Höhe Unterhalt schulden, sondern nur entsprechend ihres Einkommens.

Achtung!
Der Unterhaltsbetrag erhöht sich für den einen Partner nicht dadurch, dass der andere Elternteil seiner vollen Unterhaltsverpflichtung nicht nachkommen kann. Der andere muss den Fehlbetrag nicht ausgleichen. Auch wenn das Kind dadurch weniger Unterhalt erhält, als rechtlich vorgesehen ist, muss der andere Ehepartner beziehungsweise der Geschiedene den Kindesunterhalt in diesen Fällen nicht »auffüllen«.

Weil für die Unterhaltsberechnung für volljährige Kinder zwingend nötig ist, die Einkommensverhältnisse beider Elternteile zu kennen, besteht alle zwei Jahre eine Auskunftspflicht über die Einkünfte und Vermögensverhältnisse (§ 1605 BGB).

Wie lange wird Kindesunterhalt gezahlt?

Unterhaltsberechtigt ist nur, »wer außerstande ist, sich selbst zu unterhalten« (§ 1602 BGB). Fest steht damit, dass Babys, Kleinkindern und minderjährigen Schülern immer ein Unterhaltsanspruch zukommt. Übrigens auch dann, wenn sie durch Wiederholung einer Jahrgangsstufe die Schulzeit verlängern. Eine Ausnahme kann etwa dann vorliegen, wenn ein älterer Gymnasiast in der Schule überfordert ist und zum Beispiel zweimal sitzenbleibt. Dann kann er verpflichtet werden, eine Lehre zu beginnen.

> Achtung!
> Behinderte, die ihren Lebensunterhalt nicht aus eigener Arbeit oder Vermögen bestreiten können, sind unbegrenzt unterhaltsberechtigt.

Auszubildende

Auch nach der Schulzeit besteht weiterhin ein Unterhaltsanspruch, wenn das Kind eine Lehre macht. Allerdings gilt das nur für die Zeit der Berufsausbildung. Dabei wird die Ausbildungsvergütung angerechnet. Auch bei der Ausbildung gilt ein »Sitzenbleiben« als nicht unterhaltsmindernd. Das Kind kann auch eine Lehre abbrechen und eine zweite beginnen, ohne den Unterhaltsanspruch zu verlieren.

Studenten

Sie müssen als Eltern grundsätzlich nur für *eine* Ausbildung aufkommen. Doch was versteht man unter *einer* Ausbildung? Wann ist diese abgeschlossen? Hier kommt es regelmäßig auf den Einzelfall an. Will Ihr Kind nach seinem Abitur studieren, muss grundsätzlich Unterhalt gezahlt werden. Es sei denn, die gewählte Ausbildung ist für Ihr Kind nicht geeignet. Das volljährige Kind darf zwar allein und selbstständig seinen Berufswunsch wählen, doch Unterhaltpflichtige sind nur dann zahlungspflichtig, wenn die gewählte Ausbildung auch sinnvoll ist. Hat das Kind beispielsweise eine Rechenschwäche (Dyskalkulie), muss ein Mathematikstudium nicht finanziert werden, da von vornherein absehbar ist, dass das Kind diesen Studiengang nicht erfolgreich abschließen wird.

Schiebt Ihr Kind zwischen Abitur und Studium eine Lehre ein, ist von Bedeutung, ob ein enger sachlicher und zeitlicher Zusammenhang zwischen Lehre und Studium besteht. Nur dann müssen Sie nämlich als Eltern zahlen, denn nur in diesem Fall liegt eine »Weiterbildung« vor, die Sie als Eltern finanzieren müssen. Dagegen muss für eine »Zweitausbildung« nicht gezahlt werden.

Beispiel

Ihr Kind macht erst eine Banklehre und studiert dann Betriebswirtschaft oder Rechtswissenschaften. Sie werden in der Regel Unterhalt zahlen müssen, es sei denn, es besteht eine lange Unterbrechung zwischen Lehre und Studium.

Etwas anderes gilt, wenn Ihr Kind nach einer Banklehre ein Sport- oder ein Kunststudium anstrebt. Oder nach einer Ausbildung zum Industriekaufmann ein Maschinenbaustudium anhängen will. In diesen Fällen handelt es sich um eine sogenannte Zweitausbildung und nicht um eine Weiterbildung. Für diese müssen Sie als Eltern nicht Unterhalt zahlen.

Schwieriger zu beurteilen sind die Fälle, bei denen das Kind erst einen Realschulabschluss macht, danach das Fachabitur und dann studieren will. Hier werden die Richter im Einzelfall entscheiden müssen: Baut das eine auf dem anderen auf, wird man wohl von einer mehrstufigen Ausbildung ausgehen können (so auch ein Urteil des Bundesgerichtshofes zu Lehre-Fachoberschule-Fachhochschulstudium vom 30.11.1994, Az.: XII ZR 215/93). In dem Fall würde eine Unterhaltspflicht bestehen. Generalisierungen lassen sich hier aber nicht vornehmen, da zum Beispiel der Ausbildungsgang zum Fachabitur in den einzelnen Bundesländern ganz unterschiedlich gestaltet ist.

Was muss der Unterhaltspflichtige aber an Bummelei und Studienfachwechsel seines Kindes akzeptieren? Generell gilt: Wenn ein Wechsel für Ihr Kind sinnvoll ist, müssen Sie ihn hinnehmen. Ein solcher ist in der Regel aber nur in den ersten beiden Semestern möglich.

Achtung!

Der Bundesgerichtshof hat klar zum Ausdruck gebracht, dass sich das Kind bei seiner Berufswahl täuschen darf und daher auch sein Studienfach wechseln kann. Jedem jungen Menschen ist grundsätzlich zuzubilligen, dass er sich über seine Fähigkeiten irrt oder falsche Vorstellungen über den gewählten Beruf hat. (Bundesgerichtshof, Urteil vom 14.03.2001, Az.: XII ZR 81/99)

Grundsätzlich haben volljährige Studenten einen Unterhaltsanspruch, sofern sie in der Regelstudienzeit fertig werden. Das Oberlandesgericht Schleswig und das Oberlandesgericht Hamm legten aber fest, dass es nicht auf die Regelstudienzeit, sondern auf die im studierten Fach an der betreffenden Universität durchschnittliche Studiendauer ankommt. Ein Studienfachwechsel während des Grundstudiums lässt den Unterhaltsanspruch nicht erlöschen.

Achtung!
Will Ihr Kind nach dem Studium noch promovieren, führt das nicht zu einer Verlängerung des Unterhaltsanspruches. Etwas anderes gilt, wenn Ihr Kind ein »sinnvolles« Auslandssemester einschiebt oder krankheitsbedingt ein Zusatzsemester absolvieren muss.

Nach Abschluss des Studiums ist der Unterhalt noch eine Zeit lang weiter zu zahlen. Denn in der Regel hat Ihr Kind unmittelbar nach dem Studium noch kein Jobangebot vorliegen, das es gleich annehmen könnte. Ihm wird eine Bewerbungsfrist von rund drei Monaten eingeräumt; in dieser Zeit soll sich Ihr Kind um einen Arbeitsplatz bemühen, damit es sich selbst unterhalten kann.

Achtung!
Bricht Ihr Kind seine Ausbildung oder sein Studium endgültig ab, entfällt die Unterhaltspflicht sofort. Werden zwei Ausbildungen ohne zureichenden Grund abgebrochen, müssen Sie gar keinen Ausbildungsunterhalt mehr zahlen. Etwas anderes gilt aber, wenn Ihr Kind beispielsweise aufgrund einer Schwangerschaft oder einer Krankheit die Ausbildung oder das Studium nur unterbricht.

Und noch etwas: Hat Ihr Kind die Schule beendet, müssen Sie ihm zum Zwecke der beruflichen Orientierung und der Suche nach einem Ausbildungsplatz eine angemessene Überbrückungszeit finanzieren. Auch zwischen Abitur und Studienbeginn muss nicht gleich ein Ferienjob gesucht werden. Die sogenannte Erholungsphase für das Kind darf ein paar Monate dauern. Die Gerichte entscheiden hier sehr unterschiedlich, wie lange die Zeit konkret betragen darf.

Achtung!
Sie müssen als Eltern nicht für den Unterhalt des Kindes sorgen, wenn eine lange Wartezeit bis zur Erlangung des gewünschten Studienplatzes besteht.

Beispiel
Ihr Kind will Medizin studieren. Die Wartezeit für das Studium beträgt zwei Semester. Ihr Kind kann sich also für ein Jahr einen Job suchen, um sich selbst zu finanzieren. Sie müssen in dieser Zeit keinen Unterhalt leisten.

Wehrpflichtige

Während der Wehrpflicht erhält der junge Soldat Kost und Logis und einen (bescheidenen) Sold. Damit ist grundsätzlich der Unterhalt gedeckt. Unterhaltspflichten der Elternteile während der Wehrpflicht bestehen deshalb nur dann, wenn auch schon vor dem Wehrdienst besondere Aufwendungen wie ein eigenes Fahrzeug oder Mietkosten bezahlt wurden. Ein Unterhalt während der Wehrpflicht kommt also in der Regel nur bei Kindern aus wohlhabenden Familien infrage.

Achtung!
In allen anderen Fällen außerhalb der Ausbildung beziehungsweise des Studiums oder der Wehrpflicht haben volljährige Kinder einen eigenen Beruf anzunehmen, notfalls auch unterhalb ihres Ausbildungsgrades.

Wann wird kein Kindesunterhalt gezahlt?

Sie können den Unterhalt nicht einfach ausschließen, auch nicht wenn der Unterhaltsberechtigte für die Zukunft darauf verzichtet (§ 1614 BGB). Ausnahmen von der Unterhaltspflicht existieren nur, wenn

- das Kind sich gleich häufig bei beiden Elternteilen aufhält,
- der Unterhaltspflichtige sehr viel weniger verdient als der Ehepartner, bei dem das Kind lebt,
- das Kind selbst über ein solch großes Vermögen verfügt, dass es davon leben kann (§ 1602, Abs. 2 BGB), oder
- das volljährige Kind verheiratet ist. Denn in diesem Fall ist zunächst der Ehepartner und nicht der Vater oder die Mutter unterhaltspflichtig. Ist der Ehepartner arbeitslos oder selbst noch in der Ausbildung, wird das Gericht entscheiden müssen, ob es dem Kind zuzumuten ist, selbst für den Unterhalt aufzukommen.

> **Achtung!**
> Minderjährige Kinder können ihren Unterhaltsanspruch grundsätzlich nicht verwirken (§ 1611 BGB). Das heißt ein minderjähriges Kind verliert seinen Anspruch auf Unterhalt selbst dann nicht, wenn es sich weigert, Umgang mit dem Unterhaltspflichtigen zu haben.

Anders sieht es bei volljährigen Kindern aus. Hier kann der Unterhaltsanspruch entfallen, wenn

- genügend eigene Einkünfte bestehen,
- der Arbeitspflicht nicht Folge geleistet wird,
- den Bestimmungen der Eltern zur Art der Unterhaltsgewährung nicht Folge geleistet wird,
- das Kind durch eigenes Verschulden bedürftig wird,
- schwere Verfehlungen gegen den Unterhaltsberechtigten vorliegen.

Beispiel
Ihr volljähriges Kind verlangt von Ihnen Unterhalt, da es sich in einer Schulausbildung befindet. Verfügt Ihr Kind aber über Grundbesitz, der beleihungsfähig ist, müssen Sie nichts zahlen: Ihr Kind ist aufgrund seines Ver-

mögens nicht unterhaltsbedürftig. (OLG Bamberg vom 29.04.98; 7 UF 240/97)

Die Gerichte sind sehr zögerlich, den Unterhaltsanspruch aufgrund schwerer Verfehlungen zu begrenzen. Streitigkeiten führen beispielsweise meist nicht zu einer Verwirkung der Unterhaltsansprüche, auch nicht Alkoholismus oder Drogensucht. Dagegen sollen tätliche Angriffe, grobe Beleidigungen oder »sehr grobe Lieblosigkeit« gegenüber einem alten kranken Elternteil den Unterhaltsanspruch entfallen lassen.

Wie viel Kindesunterhalt ist zu zahlen?

Grundsätzlich errechnet sich der Kindesunterhalt aus der Höhe der Einkünfte des Unterhaltspflichtigen. Doch der Gesetzgeber macht hier eine wichtige Vorgabe: Es gilt nicht das Nettoeinkommen, sondern das bereinigte Nettoeinkommen beziehungsweise das unterhaltsrelevante Einkommen, das zum Teil deutlich unter dem reinen Nettoeinkommen eines Unterhaltspflichtigen liegt.

Die Düsseldorfer Tabelle

Bei der Bemessung der Unterhaltshöhe werden in der Praxis Unterhaltstabellen und Unterhaltsleitlinien herangezogen, die zur Vereinheitlichung der Rechtsprechung entwickelt wurden. Diese Hilfsmittel finden bei der Ermittlung eines »angemessenen Unterhalts« Verwendung. Am bekanntesten ist die sogenannte Düsseldorfer Tabelle. Sie gilt seit Januar 2008 für ganz Deutschland in Verbindung mit den Unterhaltsleitlinien des jeweiligen Oberlandesgerichts. Sie wird regelmäßig, das heißt im zweijährigen Turnus zum 1. Juli und bei Bedarf aktualisiert.

Differenziert wird in der Düsseldorfer Tabelle nach dem unterhaltsrelevanten Nettoeinkommen des Barunterhaltspflichtigen und den Altersstufen des Kindes.

Achtung!
Die Düsseldorfer Tabelle hat keine Gesetzeskraft. Sie wurde aber im Lauf der Jahre häufigste Richtschnur für die Berechnung des Kindesunterhaltes in Deutschland.

Düsseldorfer Tabelle (Stand 2010)

Nettoeinkommen des Barunterhaltspflichtigen		Altersstufen in Jahren				Prozentsatz	Bedarfskontrollbetrag
		0 bis 5	6 bis 11	12 bis 17	ab 18		
1.	bis 1 500	317	364	426	488	100	770/900
2.	1 501 bis 1 900	333	383	448	513	105	1000
3.	1 901 bis 2 300	349	401	469	537	110	1100
4.	2 301 bis 2 700	365	419	490	562	115	1200
5.	2 701 bis 3 100	381	437	512	586	120	1300
6.	3 101 bis 3 500	406	466	546	625	128	1400
7.	3 501 bis 3 900	432	496	580	664	136	1500
8.	3 901 bis 4 300	457	525	614	703	144	1600
9.	4 301 bis 4 700	482	554	648	742	152	1700
10.	4 701 bis 5 100	508	583	682	781	160	1800
	über 5 101	nach den Umständen des Falles					
Angaben bezeichnen die Höhe der Beträge in Euro							

Für das korrekte Lesen der Düsseldorfer Tabelle bedarf es einiger Anmerkungen. Wichtig: Es gibt eine entscheidende Änderung zur Unterhaltstabelle 2009! Sie weist (ohne Gesetzeskraft) jetzt den monatlichen Unterhaltsbedarf für zwei(!) Unterhaltsberechtigte aus, also in der Regel Mutter und Kind. 2009 war das noch anders, da galt der Unterhaltsbedarf für zwei Kinder. Ist mehr als ein Kind unterhaltsberechtigt, so nimmt der Richter jetzt meist Abschläge durch Herunterstufung in die nächst niedrigere Einkommensstufe vor, sodass der Unterhaltsverpflichtete teilweise entlastet wird. Das kompensiert übrigens den deutlichen Anstieg der Unterhaltsleistungen im Vergleich zum Vorjahr, der rund 15 Prozent betrug.

Sie müssen sich als Unterhaltspflichtiger sehr bemühen, Ihre Zahlungsverpflichtung gegenüber Ihren Kindern zu erfüllen – egal, ob die Kinder aus Ihrer ersten oder zweiten Ehe stammen. Es reicht nicht aus, dass Sie in Ihrer zweiten Ehe den Haushalt führen und sich darauf gegenüber Ihren Kindern aus erster Ehe berufen.

Beispiel

Sind Sie in Ihrer zweiten Ehe Hausmann/-frau, müssen Sie einen Nebenjob annehmen, wenn das für den Unterhalt der Kinder aus erster Ehe notwendig ist. Auch das »Taschengeld«, das Sie von Ihrem arbeitenden (zweiten) Ehepartner erhalten, kann für den Unterhalt der Kinder aus erster Ehe herangezogen werden: nämlich dann, wenn der Familienunterhalt den notwendigen Selbstbehalt deckt. (Bundesgerichtshof, Urteil vom 05.10.2006, Az.: XII ZR 197/02)

Das in der Düsseldorfer Tabelle angegebene Nettoeinkommen ist nicht gleichzusetzen mit dem Gehalt, das zur Berechnung des Kindesunterhalts verwendet wird, denn berufsbedingte Aufwendungen reduzieren das Nettoeinkommen weiter. Der Unterhaltspflichtige kann mindestens eine Pauschale von 5 Prozent geltend machen (mindestens 50 Euro, höchstens jedoch 150 Euro monatlich), ohne Nachweise zu erbringen. Darüber hinaus müssen die tatsächlichen Kosten nachgewiesen werden. Auch zu tilgende Schulden darf der Unterhaltspflichtige vom Einkommen abziehen. Außerdem muss dem Unterhaltspflichtigen ein Selbstbehalt, der notwendige Eigenbedarf, bleiben.

Seit Januar 2010 beträgt

- gegenüber minderjährigen unverheirateten Kindern,
- gegenüber volljährigen unverheirateten Kindern bis zur Vollendung des 21. Lebensjahres, die im Haushalt der Eltern oder eines Elternteils leben und sich in der allgemeinen Schulausbildung befinden,

der Selbstbehalt

- 770 Euro monatlich bei nicht erwerbstätigen Unterhaltspflichtigen beziehungsweise
- 900 Euro bei erwerbstätigen Unterhaltspflichtigen.

Im Selbstbehalt sind bis zu 360 Euro für Unterkunft einschließlich umlagefähiger Nebenkosten und Heizung (Warmmiete) enthalten.

Der Selbstbehalt bei anderen volljährigen Kindern ist höher. Er beträgt gegenüber volljährigen Kindern in der Regel monatlich 1 100 Euro, worin eine Warmmiete bis 450 Euro enthalten ist.

Bei volljährigen Kindern, die noch im Haushalt eines Elternteils leben, errechnet sich der Kindesunterhalt nach der vierten Altersstufe der Düsseldorfer Tabelle. Wohnt das Kind allein, wird ein Unterhalt von 640 Euro eingeräumt. (Beiträge zur Kranken- und Pflegeversicherung sowie Studiengebühren sind dabei noch nicht eingerechnet.)

Für Lehrlinge, die noch im Haushalt eines Unterhaltspflichtigen wohnen, gilt, dass die Ausbildungsvergütung den Unterhalt reduziert. Allerdings bleibt dem Lehrling ein »ausbildungsbedingter Mehrbedarf« von monatlich 90 Euro. Dieser wird vom Gehalt abgezogen, bevor errechnet wird, ob er neben dem Verdienst noch einen Unterhaltsanspruch hat.

> **Achtung!**
> Der Bedarfskontrollbetrag des Unterhaltspflichtigen ist nicht identisch mit dem Eigenbedarf. Der Bedarfskontrollbetrag soll eine ausgewogene Verteilung des Einkommens zwischen dem Unterhaltspflichtigen und den unterhaltsberechtigten Kindern gewährleisten. Wird er unter Berücksichtigung anderer Unterhaltspflichten unterschritten, ist der Tabellenbetrag der nächstniedrigeren Gruppe (deren Bedarfskontrollbetrag nicht unterschritten wird) anzusetzen.

Kindergeld und Zahlbetrag

Grundsätzlich steht Kindergeld nicht dem minderjährigen Kind, sondern seinen Eltern zu. Kindergeld erhalten Deutsche oder Ausländer mit »gewöhnlichem Wohnsitz« in Deutschland beziehungsweise derjenige, der von seinem Arbeitgeber ins Ausland versetzt wird.

Lebt Ihr minderjähriges Kind bei Ihrem Ex-Partner und bekommt er das Kindergeld ausgezahlt, können Sie als barunterhaltspflichtiger Elternteil die Hälfte des Kindergeldbetrages vom Kindesunterhalt abziehen. Denn das Kindergeld steht Ihnen nach der Trennung beziehungsweise der Scheidung hälftig zu (§ 1612 b BGB). Bezieht ein volljähriges Kind dagegen Kindergeld, wird es wie eigenes Einkommen bewertet. Das Kindergeld reduziert damit dessen Unterhaltsanspruch. Bei volljährigen Kindern können Sie daher nicht nur die Hälfte, sondern den kompletten Kindergeldbetrag abziehen.

Andere kinderbezogene Einkommensanteile (etwa Kinderzulagen) werden nicht wie das Kindergeld behandelt, sondern wie »normales« Einkommen, es sei denn, diese Gehaltsbestandteile werden ausnahmsweise anstelle des Kindergeldes bezahlt.

Gutverdiener haben schon seit jeher die Möglichkeit, sich anstelle des Kindergeldes am Ende des Jahres den Kinderfreibetrag auf die Einkommensteuer verrechnen zu lassen. Hat der Steuerbürger dadurch einen Vorteil, ersetzen die Finanzämter automatisch das Kindergeld durch den Kinderfreibetrag. Für Getrenntlebende ist eine Übertragung dieses Freibetrags auf einen Elternteil aber nicht mehr möglich (§ 32 Abs. 6 Einkommenssteuergesetz/EStG).

Wie oben bereits erwähnt, können Sie als Barunterhaltspflichtiger die Hälfte des Kindergeldes bei Minderjährigen und das volle Kindergeld bei Volljährigen bei den Unterhaltsbeträgen der Düsseldorfer Tabelle abziehen, wenn Ihr Ex-Partner beziehungsweise das volljährige Kind das Kindergeld ausgezahlt bekommt. Für das erste und das zweite Kind beträgt das volle Kindergeld derzeit 184 Euro, für das dritte Kind 190 Euro, ab dem vierten Kind gibt es 215 Euro.

Zieht man die Hälfte beziehungsweise den kompletten Betrag des Kindergeldes ab, ergeben sich folgende sogenannte Zahlbeträge (die Sie auch als Anhang in der Düsseldorfer Tabelle finden):

Zahlbeträge 1. und 2. Kind

Nettoeinkommen des Barunterhaltspflichtigen	Altersstufen in Jahren				Vomhundertsatz
	0 bis 5	6 bis 11	12 bis 17	ab 18	%
1. bis 1 500	225	272	334	304	100
2. 1 501 bis 1 900	241	291	356	329	105
3. 1 901 bis 2 300	257	309	377	353	110
4. 2 301 bis 2 700	273	327	398	378	115
5. 2 701 bis 3 100	289	345	420	402	120
6. 3 101 bis 3 500	314	374	454	441	128
7. 3 501 bis 3 900	340	404	488	480	136
8. 3 901 bis 4 300	365	433	522	519	144
9. 4 301 bis 4 700	390	462	556	558	152
10. 4 701 bis 5 100	416	491	590	597	160

Zahlbeträge 3. Kind

Nettoeinkommen des Barunter-haltspflichtigen	Altersstufen in Jahren				Vom-hundert-satz
	0 bis 5	6 bis 11	12 bis 17	ab 18	%
1. bis 1 500	222	269	331	298	100
2. 1 501 bis 1 900	238	288	353	323	105
3. 1 901 bis 2 300	254	306	374	347	110
4. 2 301 bis 2 700	270	324	395	372	115
5. 2 701 bis 3 100	286	342	417	396	120
6. 3 101 bis 3 500	311	371	451	435	128
7. 3 501 bis 3 900	337	401	485	474	136
8. 3 901 bis 4 300	362	430	519	513	144
9. 4 301 bis 4 700	387	459	553	552	152
10. 4 701 bis 5 100	413	488	587	591	160

Zahlbeträge 4. Kind

Nettoeinkommen des Barunter-haltspflichtigen	Altersstufen in Jahren				Vom-hundert-satz
	0 bis 5	6 bis 11	12 bis 17	ab 18	%
1. bis 1 500	209,50	256,50	318,50	273	100
2. 1 501 bis 1 900	225,50	275,50	340,50	298	105
3. 1 901 bis 2 300	241,50	293,50	361,50	322	110
4. 2 301 bis 2 700	257,50	311,50	382,50	347	115
5. 2 701 bis 3 100	273,50	329,50	404,50	371	120
6. 3 101 bis 3 500	298,50	358,50	438,50	410	128
7. 3 501 bis 3 900	324,50	388,50	472,50	449	136
8. 3 901 bis 4 300	349,50	417,50	506,50	488	144
9. 4 301 bis 4 700	374,50	446,50	540,50	527	152
10. 4 701 bis 5 100	400,50	475,50	574,50	566	160

Mangelfall

Sie müssen für Ihre leiblichen Kinder aufkommen, egal, ob sie bei Ihnen wohnen oder nicht. Die Höhe des Unterhalts richtet sich nach Ihren finanziellen Möglichkeiten. Der Anspruch des Kindes entfällt erst, wenn Sie nachweislich nicht in der Lage sind, Zahlungen zu leisten, oder wenn Ihr Kind selbst genügend Einkünfte hat.

Wird ein weiteres Kind in Ihrer neuen Beziehung geboren, hat dieses keinen Vorrang gegenüber Ihren anderen Kindern. Der Unterhaltsbetrag, den Sie leisten können, wird anteilig auf alle Kinder verteilt. Auch bei einer Wiederheirat ändert sich nichts am grundsätzlichen Unterhaltsanspruch der Kinder.

Minderjährige Kinder sowie Kinder, die sich in der allgemeinen Schulausbildung befinden, gehen allen anderen Unterhaltsberechtigten vor (§ 1609 BGB). Das bedeutet, dass im sogenannten Mangelfall, das heißt wenn Sie nicht alle Ansprüche voll befriedigen können, zunächst die Ansprüche der Kinder bedient werden müssen, bevor der geschiedene und der neue Ehepartner an der Reihe sind.

Die Reihenfolge der Unterhaltsberechtigten ist im Gesetz geregelt. Es gelten folgende Rangklassen:

- Minderjährige Kinder und unverheiratete Kinder bis zum 21. Lebensjahr, solange sie im Haushalt der Eltern oder eines Elternteils leben und sich in der allgemeinen Schulausbildung (z. B. Gymnasium) befinden. Ob das Kind ehelich oder nichtehelich geboren ist, spielt keine Rolle;
- Elternteile, die aufgrund der Betreuung eines Kindes unterhaltsberechtigt sind (ohne dass es darauf ankommt, ob die Eltern je verheiratet waren), und Ehegatten bei einer Ehe von langer Dauer (mehr als zehn Jahre);
- Ehegatten, die nicht unter 2. fallen;
- Kinder, die nicht unter 1. fallen (z. B. Studenten);
- Enkelkinder und weitere Abkömmlinge;
- Eltern;
- Weitere Verwandte in aufsteigender Linie.

Achtung!

Liegt ein Mangelfall vor, kann also der Unterhaltsverpflichtete selbst für seine leiblichen Kinder (erste Rangklasse) nicht den vollen Unterhalt zahlen, wird der Betrag, den er leisten kann, auf alle Kinder anteilig verteilt.

Beispiel

Herr Schmidt hat als Unterhaltspflichtiger ein bereinigtes Nettoeinkommen von 1 300 Euro. Er muss für drei unterhaltsberechtigte Kinder im Alter von 19 Jahren (Kind 1), acht Jahren (Kind 2) und vier Jahren (Kind 3) Unterhalt zahlen. Die Kinder gehen alle noch zur Schule. Sie leben bei Schmidts Ex-Partnerin Frau Bonn, die nicht unterhaltsberechtigt ist, aber auch nicht barunterhaltspflichtig. Frau Bonn bezieht das Kindergeld für alle drei Kinder. Die Verteilungsmasse (Nettogehalt abzüglich Selbstbehalt) wird auf die Kinder im Verhältnis ihrer jeweiligen »Einsatzbeträge« gleichmäßig verteilt.

Notwendiger Eigenbedarf von Herrn Schmidt: 900 Euro

Verteilungsmasse: 1 300 Euro – 900 Euro = 400 Euro

Summe der Einsatzbeträge der Unterhaltsberechtigten:
    304 Euro (488 Euro – 184 Euro; Kind 1)
+ 272 Euro (364 Euro –   92 Euro; Kind 2)
+ 222 Euro (317 Euro –   95 Euro; Kind 3)
= 798 Euro

Tatsächliche Höhe des Unterhalts:
Kind 1 $304 \times 400 : 798 = 152{,}38$ Euro
Kind 2 $272 \times 400 : 798 = 136{,}34$ Euro
Kind 3 $222 \times 400 : 798 = 111{,}28$ Euro

Herr Schmidt muss also für das älteste Kind 152,38 Euro Unterhalt zahlen, für das mittlere Kind 136,34 Euro und für das jüngste Kind 111,28 Euro.

Achtung!

Der Vorrang des Kindesunterhalts minderjähriger Kinder gegenüber Ehegatten gilt im Mangelfall für das gesamte verfügbare Einkommen des Unterhaltspflichtigen. Das heißt auch der Splittingvorteil, den man aus einer zweiten Ehe hat, wird nur für den Unterhaltsbetrag des Kindes berücksichtigt. (Bundesgerichtshof, Urteil vom 17.09.2008, Az.: XII ZR 72/06)

Mindestunterhalt minderjähriger Kinder

Seit dem 1. Januar 2008 gilt ein gesetzlicher Mindestunterhalt für minderjährige Kinder (§ 1612a BGB). Nach der gesetzlichen Regelung können minderjährige Kinder Unterhalt von einem Elternteil verlangen, mit dem sie nicht im gemeinsamen Haushalt leben.

Während früher die untersten Beträge der Düsseldorfer Tabelle herangezogen wurden, ist jetzt die Grundlage der Berechnung das »sächliche Existenzminimum«. Es definiert sich aus dem doppelten Kinderfreibetrag des Einkommenssteuerrechts.

Der doppelte steuerliche Kinderfreibetrag (§ 32 Abs. 6 Satz 1 EStG) beträgt derzeit jährlich 4 368 Euro (2 × 2 184 Euro), somit monatlich 364 Euro. Dieser Betrag ist die Bezugsgröße beim Mindestunterhalt für die zweite Altersstufe der Düsseldorfer Tabelle, das heißt für Kinder zwischen sechs und elf Jahren. In der ersten Altersstufe beträgt der Mindestunterhalt 87 Prozent dieser Bezugsgröße und in der dritten Altersstufe 117 Prozent.

Daraus ergeben sich für den Mindestunterhalt folgende Monatsbeträge:

- 317 Euro für die erste Altersstufe (0 bis 5 Jahre)
- 364 Euro für die zweite Altersstufe (6 bis 11 Jahre)
- 426 Euro für die dritte Altersstufe (12 bis 17 Jahre)

Der Mindestunterhalt wird um die Hälfte des Kindergeldes verringert, wenn das Kindergeld nicht an den Barunterhaltspflichtigen ausgezahlt wird. Nach Abzug des halben Kindergeldes in Höhe von jeweils 92 Euro (für die ersten beiden Kinder) ergibt sich monatlich ein Mindestunterhalt von:

- 225 Euro für die erste Altersstufe
- 269 Euro für die zweite Altersstufe
- 331 Euro für die dritte Altersstufe

Achtung!
Sofern Sie minderjährigen Kindern Unterhalt zahlen müssen, sind Sie als Unterhaltspflichtiger bei Überschuldung grundsätzlich verpflichtet, eine Verbraucherinsolvenz einzuleiten, um den Ansprüchen der Kinder Vorrang vor sonstigen Verbindlichkeiten zu verschaffen. (Bundesgerichtshof, Urteil vom 23.02.2005, Az.: XII ZR 114/03)

Eigene Einkünfte des Kindes

Grundsätzlich mindern eigene »anrechenbare« Einkünfte des Kindes den Unterhaltsanspruch, das gilt sowohl für Erwerbs- wie auch für Kapitaleinkünfte.

Das Einkommen des Kindes wird genauso ermittelt wie beim Unterhaltspflichtigen. Erwerbseinkünfte von Kindern werden aber nur dann berücksichtigt, wenn dies zumutbar ist. Hier spielen Billigkeitsgesichtspunkte eine Rolle.

Bei volljährigen Kindern wird bereits das Kindergeld als Einkommen gewertet. Der Barunterhaltspflichtige kann es voll vom Unterhalt abziehen. Macht Ihr Kind daneben bei Eintritt in die Volljährigkeit beispielsweise eine Lehre und bezieht es dadurch ein regelmäßiges Einkommen, wird auch dieses voll auf den von den Eltern zu leistenden Unterhaltsbetrag angerechnet. In der Regel wird aber ein ausbildungsbedingter Mehrbedarf in Höhe von 90 Euro abgezogen. Verdient beispielsweise ein Lehrling 1 000 Euro netto, sind nur 910 Euro »unterhaltsrelevant«.

Bei volljährigen Kindern mindern deren eigene Einkünfte den Barunterhalt, den dann ja beide Elternteile zahlen, genau im Umfang ihrer Leistungen.

Beispiel

Ist der Vater beispielsweise mit 300 Euro und die Mutter mit 200 Euro unterhaltspflichtig, sind die eigenen (anrechenbaren) Einkünfte des Kindes im Verhältnis drei zu zwei aufzuteilen. Verdient das Kind also beispielsweise 150 Euro, muss der Vater nur noch 200 Euro und die Mutter nur noch 150 Euro Unterhalt zahlen.

Bei minderjährigen Kindern ist das anders. Da grundsätzlich Schüler nie zu einer Erwerbstätigkeit herangezogen werden dürfen, bleiben Einnahmen aus Ferienjobs anrechnungsfrei, wenn sie nur das Taschengeld erhöhen, es sich also um einen geringfügigen Verdienst handelt. Geht das Einkommen darüber hinaus, gilt folgende Regelung:

- Mindestens 40 Euro bleiben als berufsbedingte Aufwendungen anrechnungsfrei.
- Der darüber hinausgehende Betrag wird »nach Billigkeit« angerechnet. In der Regel ist das die Hälfte des zusätzlichen Betrags.

Beispiel

Ein Schüler verdient nebenher 300 Euro netto. Da 40 Euro anrechnungsfrei bleiben, ist der Rest von 260 Euro nach Billigkeit anzurechnen. Nimmt man hiervon die Hälfte, so sind das 130 Euro, das heißt der Unterhalt reduziert sich um 130 Euro.

Achtung!

Da beide Eltern zu gleichen Teilen Unterhalt leisten (Barunterhalt und Betreuungsunterhalt sind gleichwertig), können beide Teile den Vorteil von 130 Euro geltend machen.

Beispiel

Das Kind lebt bei der Mutter. Sie leistet Betreuungsunterhalt, der Vater Barunterhalt. Der Vater kann seinen Unterhalt um die Hälfte von 130 Euro, also um 65 Euro kürzen. Auch die Mutter könnte 65 Euro von ihrem Kind verlangen. Ob sie das tut, ist ihre Sache. Für die Unterhaltspflicht des Vaters spielt das keine Rolle.

Wie Schüler sind auch Studenten grundsätzlich nicht zu einer Erwerbstätigkeit verpflichtet, auch nicht in den Semesterferien. Leben sie noch zu Hause oder zahlen die Eltern bei einer eigenen Wohnung den vollen Unterhalt in Höhe von 640 Euro, gilt gleichfalls die für Schüler genannte Regelung. Bekommt der Student bei einer eigenen Wohnung nicht den vollen Unterhalt nach der Düsseldorfer Tabelle gezahlt, das heißt werden ihm weniger als 640 Euro von seinen Eltern überwiesen, wird das mit berücksichtigt. Er kann dementsprechend mehr von seinem eigenen Verdienst behalten.

Beispiele zur Berechnung des Kindesunterhaltes

Beispiel 1: Minderjährige Kinder

Stefan hat als Programmierer ein bereinigtes Nettoeinkommen von 2 633 Euro. Als er sich von seiner Frau trennt, kümmert sie sich um die beiden minderjährigen Töchter Karin (15) und Heike (9). Das komplette Kindergeld bekommt die Frau. Daher sind hier die Zahlbeträge der Düsseldorfer Tabelle entscheidend – es wird das hälftige Kindergeld beim Kindesunterhalt abgezogen. Nach den sogenannten Zahlbeträgen muss Stefan für seine Töchter zahlen:

- Karin (15): 398 Euro
- Heike (9): 327 Euro

Beispiel 2: Minderjährige Kinder, Kindergeld

Ausgangsvoraussetzungen wie oben. Nur wird das Kindergeld jetzt in voller Höhe auf Stefans Konto überwiesen.

Zum Tragen kommen hier die vollen Beträge aus der Düsseldorfer Tabelle. Stefan muss folgenden Unterhalt für seine Töchter zahlen:

- Karin (15): 490 Euro
- Heike (9): 419 Euro

Beispiel 3: Volljähriges Kind, zu Hause, Lehre

Vater Markus verdient als Elektrofacharbeiter ein bereinigtes Nettoeinkommen von 2200 Euro. Sohn Christian (19) strebt dem Vater nach und macht ebenfalls eine Lehre zum Elektrofacharbeiter. Er erhält 300 Euro Lehrgeld. Christian wohnt bei seiner Mutter Kathrin, die 1100 Euro bereinigtes Nettoeinkommen hat. Er möchte aber in eine eigene Wohnung ziehen.

Punkt 1: Für volljährige Kinder leisten grundsätzlich beide Elternteile Unterhalt. Mutter Kathrin, bei der Christian (hauptsächlich) wohnt, leistet Naturalunterhalt, also Kost und Logis. Bei ihrem geringen Verdienst fällt kein weiterer Barunterhalt an. Vater Markus ist daneben zum Barunterhalt verpflichtet. Der Barunterhalt des Vaters wird direkt dem volljährigen Kind überwiesen, nicht der Mutter!

Punkt 2: Christian ist zwar volljährig, aber noch in der Ausbildung. Deshalb kann Kathrin darauf bestehen, weiterhin Naturalunterhalt zu leisten, und daher ihrem Sohn Christian eine eigene Mietwohnung verweigern (§ 1612 Abs. 2 BGB).

Punkt 3: Für Lehrlinge, die noch im Haushalt eines Unterhaltspflichtigen wohnen, gilt: Ihre Ausbildungsvergütung reduziert den Unterhalt, allerdings verbleibt beim Lehrling zusätzlich zum Unterhalt ein »ausbildungsbedingter Mehrbedarf« von monatlich 90 Euro. Nach der Düsseldorfer Tabelle ist

Christians Vater zu einem Barunterhalt von monatlich 353 Euro verpflichtet (vorausgesetzt, der Sohn hat das Kindergeld bekommen). Also wird gerechnet: 300 Euro Lehrgeld minus 90 Euro »ausbildungsbedingter Mehrbedarf« gleich 210 Euro. Die Differenz zu 353 Euro ergibt einen Barunterhaltsanspruch von 143 Euro.

Beispiel 4: Volljähriges, bereits ausgezogenes Kind, Student

Stefan ist gut verdienender Ingenieur in Hamburg, er hat ein unterhaltsrelevantes (bereinigtes) Monatsnettogehalt von 3 200 Euro. Er hat sich von seiner Frau Heidrun getrennt. Heidrun (die ebenfalls in Hamburg lebt) hat ein unterhaltsrelevantes Monatsnettoeinkommen von 1 600 Euro. Die 21-jährige Tochter Gudrun studiert nach Studienplatzvergabe Medizin im vierten Semester in München. Schon seit ihrer Schulzeit fährt sie einen kleinen, alten Golf. Sie lebt mit ihrer Freundin in einer Wohngemeinschaft in einer kleinen Wohnung. Was ist mit dem Auto, und wie viel Unterhalt ist zu zahlen?

Punkt 1: Auch wenn Gudrun volljährig ist, hat sie Anspruch auf Unterhalt, weil sie noch keine andere Berufsausbildung abgeschlossen hat, mindestens so lange, wie sie innerhalb der Regelstudienzeit bleibt. Da sie einen Studienplatz in einer anderen Stadt zugewiesen bekommen hat, dürfen die Eltern ihr keinen Naturalunterhalt (mietfreies Wohnen plus Essen) anbieten, sie sind barunterhaltspflichtig.

Punkt 2: Auch wenn dies Grenzfälle sind: Wahrscheinlich müssen die Eltern weiterhin das Auto finanzieren, weil sie es der Tochter auch schon jahrelang vorher finanziert haben. Doch hier können Richter natürlich auch anders entscheiden.

Punkt 3: Beide Elternteile sind barunterhaltspflichtig. Wohnt das Kind alleine, wird ein Unterhalt von 640 Euro eingeräumt (in dem Betrag sind bis zu 270 Euro für Unterkunft einschließlich Nebenkosten enthalten). Beiträge zur Kranken- und Pflegeversicherung sowie Studiengebühren sind dabei noch nicht eingerechnet. Die Eltern müssen sich den Unterhalt im Verhältnis ihrer Nettoeinkünfte aufteilen, also hier zwei zu eins, der Vater zahlt demnach 426 Euro, die Mutter 213 Euro monatlich Kindesunterhalt.

Beispiel 5: Volljähriges Kind, Student, lebt bei einem Elternteil

Ingrid verdient 2 000 Euro, Peter 3 000 Euro. Ihr Sohn Tim ist 20 Jahre alt, studiert und lebt bei einem Elternteil. Der Bedarf nach der Düsseldorfer Tabelle liegt bei 781 Euro (5 000 Euro Einkommen der Eltern, vierte Altersstufe). Abzüglich des Kindergeldes (184 Euro) ergibt sich ein Restbedarf von 597 Euro.

Der jeweilige Haftungsanteil der Eltern errechnet sich, indem der Restbedarf mit dem Nettoeinkommen abzüglich des Selbstbehalts mulipliziert wird, das Ergebnis wird durch die Summe beider Einkommen abzüglich des Selbstbehalts geteilt:

- Haftungsanteil Peter:
  $597 \times (3\,000 - 1\,100) : (3\,000 + 2\,000 - 2\,200) = $ **405 Euro** (gerundet)
- Haftungsanteil Ingrid:
  $597 \times (2\,000 - 1\,100) : (3\,000 + 2\,000 - 2\,200) = $ **192 Euro** (gerundet)

Tim erhält an Unterhalt von Vater Peter 405 Euro und von Mutter Ingrid 192 Euro.

Kost und Logis sind nicht mit eingerechnet. Allerdings sind in den 640 Euro, die ein Student mit eigenem Hausstand bekommt, 270 Euro Wohnkosten (brutto warm) enthalten.

Sonderbedarf

Grundsätzlich ist der Bedarf eines Kindes mit dem Betreuungsunterhalt (meist der Mutter) und dem Barunterhalt (meist des Vaters) abgegolten. Allerdings legt der Gesetzgeber einige wenige Ausnahmen fest. So fallen die Ausgaben etwa für besondere Behandlungskosten, die Krankenkassen nicht übernehmen, nicht unter die Unterhaltsberechnung. Man spricht in diesen Fällen von einem Sonderbedarf. Aufgrund vieler Gerichtsentscheidungen gibt es in Deutschland eine ziemlich klare Richtschnur, wann beim Kindesunterhalt Sonderbedarf vorliegt, wann also vom Unterhaltspflichtigen finanzielle Leistungen gezahlt werden müssen, die nicht im »normalen« monatlichen Unterhalt bereits eingerechnet sind.

Die wichtigsten sind:

- notwendige Arztkosten, die von der Krankenkasse nicht übernommen werden,
- Kosten für Brillen und Zahnersatz,
- Betreuungskosten,
- Nachhilfekosten für eine kurze Zeit,
- Prozesskosten,

- Säuglingserstausstattung (Bundesverfassungsgericht, Az.: 1 BvR 1988/95),
- Umzugskosten.

Achtung!

Sonderbedarf als unregelmäßiger außergewöhnlich hoher Bedarf liegt nur dann vor, wenn der Bedarf nicht mit Wahrscheinlichkeit vorauszusehen war und deshalb bei der Bemessung der laufenden Unterhaltszahlung nicht berücksichtigt werden konnte.

Beispiel

Das Kind lebt bei Ihnen, Sie wollen seine Konfirmation ausrichten. Von Ihrem Ex-Partner verlangen Sie für die Kosten der Konfirmation einen zusätzlichen Sonderbedarf. Eine solche Forderung hat der Bundesgerichtshof abgelehnt: Die Kosten für eine Konfirmation seien bei entsprechender Religionszugehörigkeit absehbar und deswegen nicht überraschend. Sie seien daher im laufenden Unterhalt enthalten und könnten nicht gesondert verlangt werden. (Bundesgerichtshof, Urteil vom 15.02.2006, Az.: XII ZR 4/04)

Sehr unterschiedlich fallen die Gerichtsentscheidungen zu Internatskosten, Klassenfahrten und Kosten eines Schüleraustauschs aus. Hier sind sich die Gerichte nicht einig, ob es sich dabei um Sonderbedarf handelt oder nicht. In der Regel wird ein Sonderbedarf verneint für Musikschulausbildung, Kleidung, Lernmittel, Möbel, Musikinstrumente, Privatschulgebühren, Sport oder Urlaubskosten.

Und wer zahlt beim Sonderbedarf? Ein Irrglaube herrscht dahingehend vor, dass der Barunterhaltspflichtige für den Sonderbedarf allein aufkommen müsse. Das ist falsch! Für den Sonderbedarf haften beide Elternteile gemäß ihrer Einkommensverhältnisse.

Beispiel

Zahlt der Vater für ein volljähriges Kind 300 Euro und die Mutter 200 Euro Unterhalt, ist der Sonderbedarf des Kindes im Verhältnis drei zu zwei aufzuteilen. Beträgt der Sonderbedarf für das Kind 500 Euro, muss der Vater 300 und die Mutter 200 Euro zahlen.

> **Achtung!**
> Der Anspruch auf Sonderbedarf muss innerhalb eines Jahres seit seiner Entstehung geltend gemacht werden.

Ein wichtiges höchstrichterliches Urteil betrifft die Kita- und Kindergartenkosten. Alleinerziehende Elternteile können diese unterhaltsrechtlich als Mehrbedarf geltend machen. Das heißt, die Betreuungskosten werden nach der Trennung geteilt. Sie sind nicht in den Unterhaltsbeträgen, die in den Unterhaltstabellen ausgewiesen sind, enthalten. Dagegen sind die Verpflegungskosten, die in einer Kindereinrichtung anfallen, mit dem Tabellenunterhalt abgegolten (Bundesgerichtshof, Urteil vom 26.11.2008, Az.: XII ZR 65/07).

Unterhaltsvorschuss

Keine schöne Vorstellung: Der eine Partner zieht das Kind beziehungsweise die Kinder nach der Scheidung alleine groß, der andere hält sich aber nicht an die Vereinbarung, regelmäßig Unterhalt zu leisten. Das ist nervenaufreibend, denn das Alleinerziehen ist anstrengend genug – erst recht, wenn man mehrere kleine Kinder zu betreuen hat. Sich dann auch noch um den Unterhalt kümmern zu müssen, ist oft nicht machbar. Daher fängt der Staat diese besondere Lebenssituation mit einem Unterhaltsvorschuss auf, den Alleinerziehende für Ihre Kinder beantragen können.

Anspruch auf den Unterhaltsvorschuss haben

- Kinder bis zur Vollendung des 12. Lebensjahres, die bei einem alleinerziehenden Elternteil leben und
- die keinen oder keinen regelmäßigen Unterhalt oder nicht mindestens den gesetzlichen Mindestunterhalt gemäß § 1612 a Abs. 1 BGB minus des für ein erstes Kind zu zahlenden Kindergeldes von dem anderen Elternteil erhalten beziehungsweise nach dessen Tod Unterhalt in Form von Waisenbezügen.

Nach Abzug des für ein erstes Kind zu zahlenden Kindergeldes ergeben sich seit 1. Januar 2010 folgende monatliche Beträge für den Unterhaltsvorschuss:

- für Kinder bis unter 6 Jahre: 133 Euro
- für ältere Kinder bis unter 12 Jahren: 180 Euro

Der Anspruch auf Unterhaltsvorschuss besteht für maximal 72 Monate, das heißt sechs Jahre, und muss beim Jugendamt beantragt werden. Es existiert hierfür keine Einkommensgrenze für Eltern.

Achtung!
Es muss für die Beantragung von Unterhaltsvorschuss kein gerichtlicher Unterhaltsbeschluss gegen den nicht zahlenden Elternteil vorliegen.

Der Unterhaltspflichtige wird vom Staat in Regress genommen, wenn er leistungsfähig, aber nicht leistungswillig ist. Die Behörde wird den gezahlten Unterhaltsvorschusses von ihm zurückverlangen.

Unterhaltspflicht des neuen Partners und der Großeltern

Grundsätzlich sind nur die Eltern unterhaltspflichtig. Der neue Lebenspartner eines Unterhaltspflichtigen etwa schuldet dem Kind selbst bei hohem Einkommen keinen Unterhalt. Das heißt: Stiefeltern sind Stiefkindern gegenüber nie unterhaltspflichtig. Das gilt selbst dann, wenn die Partner heiraten oder das Stiefkind bei seinem Stiefelternteil dauerhaft lebt.

Doch Vorsicht – die neueste Rechtsprechung stellt klar, dass Stiefeltern indirekt für ihr Stiefkind aufkommen müssen, wenn es um den Bezug von Sozialleistungen geht, wenn der leibliche Elternteil Hartz IV beantragt. Leben Stiefeltern mit Stiefkindern zusammen, bilden sie sozialrechtlich eine Bedarfsgemeinschaft. In diesem Fall wird das Stiefelterneinkommen angerechnet (§ 9 Abs. 2 SGB II).

Die Großeltern können nur dann unterhaltspflichtig gegenüber ihrem Enkel sein, wenn die leiblichen Eltern nicht in der Lage sind, den Unterhalt zu zahlen (§ 1608 BGB). Allerdings steht beiden Großelternteilen ein Selbstbehalt zu (Bundesgerichtshof vom 20.12.2006; Az.: XII ZR 137/04).

Kindesunterhalt und Krankenversicherung

In der Regel ist das Kind innerhalb der gesetzlichen Krankenversicherung (GKV) familienmitversichert, das heißt das Kind kostet keine zusätzlichen

Beiträge. Nach vollzogener Scheidung gilt diese Familienversicherung allerdings nur, wenn der Elternteil, bei dem das Kind lebt, gesetzlich krankenversichert ist. Dann kann das Kind über ihn mitversichert werden. Das Kind kann aber nicht bei dem Elternteil familienmitversichert sein, bei dem es nicht lebt.

Beispiel

Das Kind lebt bei seiner Mutter. Sie ist Beamtin und damit privat versichert. Der Vater ist gesetzlich versichert und war Hauptverdiener der Ehe. Das Kind konnte daher über ihn bei seiner Krankenkasse mitversichert sein. Nach der Scheidung geht das nicht mehr, da der Vater ausgezogen ist, er mit dem Kind keine Familie mehr darstellt. In diesen Fällen hat das Kind gegenüber dem Unterhaltspflichtigen einen Anspruch auf Zahlung einer Krankenversicherung.

Die Krankenversicherungsbeiträge für das Kind muss der Barunterhaltspflichtige zahlen, weil sie nicht in den Sätzen der Düsseldorfer Tabelle mit eingerechnet sind. Die Krankenversicherungsbeiträge können aber vom Barunterhaltspflichtigen auf der anderen Seite wieder von seinem unterhaltsrelevanten Einkommen abgezogen werden, wodurch sich der Kindesunterhalt (und auch der Ehegattenunterhalt) verringert.

Ehegattenunterhalt

Für viele Menschen stellt es bei einer Trennung die alles entscheidende Frage dar: Wie viel Geld bekomme ich beziehungsweise muss ich bezahlen, und reicht es zum Leben? Diese Frage ist für sie von so großer Bedeutung, dass viele Verheiratete sie schon klären lassen, bevor sie sich trennen, sie möglicherweise zur Bedingung für eine Trennung machen.

Zweifelsohne ist diese Frage wichtig – und sie lässt sich klären. Fast jeder kann seinen Unterhalt alleine berechnen. Zumindest grob sollte jeder wissen, was ihm bleibt, was er an Unterhalt erhält. Die Rechnung ist zwar nicht ganz einfach, aber auch keine Hexerei.

Seit 1. Januar 2008 hat sich das deutsche Unterhaltsrecht durch das »Gesetz zur Reform des Unterhaltsrechts« grundlegend verändert. Die wichtigsten Änderungen: Leibliche Kinder stehen mit ihren Unterhaltsansprüchen an erster Stelle (gleichgültig, aus welcher Beziehung sie stammen). Die Ehepartner kommen jetzt an zweiter Stelle, gefolgt von den unverheirateten Partnern. Der Unterhaltsberechtigte wird früher verpflichtet, wieder berufstätig zu sein, und bei kurzen Ehen muss der Unterhaltspflichtige dem geschiedenen Partner nicht ewig den Lebensstandard der Ehe aufrechterhalten.

Trennungsunterhalt

Wer denkt, Unterhaltszahlungen beginnen erst mit dem Scheidungsbeschluss, der irrt. Sobald die Ehepartner getrennt leben, besteht eine Unterhaltsverpflichtung des Besserverdienenden.

An den Trennungsunterhalt werden zwei Bedingungen geknüpft:

• Die Ehepartner müssen getrennt leben und
• einer der Partner muss bedürftig sein.

Leben die Ehepartner getrennt, kann ein Ehegatte von dem anderen einen den Lebensverhältnissen und den Erwerbs- und Vermögensverhältnissen der Ehegatten angemessenen Unterhalt verlangen (§ 1361 BGB). Neben der Bedingung des Getrenntlebens ist aber die Bedürftigkeit eine zweite Voraussetzung für den Trennungsunterhalt. Trennen sich zwei Millionäre, was auch vorkommen soll, wird kein Trennungsunterhalt infrage kommen, auch wenn der eine ein paar Millionen mehr hat als der andere.

Wie wird der Trennungsunterhalt errechnet?

Im Unterschied zum Kindesunterhalt, für den die Düsseldorfer Tabelle herangezogen wird, existieren für den Ehegattenunterhalt und damit auch für den Trennungsunterhalt keine festen Geldsätze. Denn aufgrund unterschiedlicher Lebensstile und Lebensstandards ist eine pauschale Unterhaltsberechnung hier nicht möglich. Der Gesetzgeber hat die Höhe des Trennungs- und Nachehelichenunterhalts daher an den ehelichen Lebensverhältnissen ausgerichtet – also am Lebensstandard während der Ehe.

Der Trennungsunterhalt bemisst sich nach den ehelichen Lebensverhältnissen, die auch in der Trennungszeit für beide Ex-Partner aufrechterhalten bleiben sollen. Da dies aber in der Regel nicht möglich ist – allein die Anmietung einer zweiten Wohnung bei Auszug eines Partners erhöht die Belastungen –, soll der Lebensstandard bei beiden Getrenntlebenden etwa gleichmäßig absinken. Auf keinen Fall darf der Lebensstandard eines Partners deutlich über die ehelichen Verhältnisse hinausgehen.

Grundsätzlich wird das Bruttoeinkommen beider Getrenntlebender durchleuchtet und gewisse Verpflichtungen (Steuern, Altersvorsorge etc.) abgezogen, sodass man auf das sogenannte bereinigte Nettoeinkommen kommt. In einem zweiten Schritt wird der tatsächliche Bedarf nach den ehelichen Lebensverhältnissen ermittelt. Das erfolgt nach der sogenannten Ehegattenquote. Die Oberlandesgerichte haben für ihre Gerichtsbezirke dazu Leitlinien entwickelt. Es gilt grundsätzlich der Halbteilungsgrundsatz, das heißt, die Unterhaltsquote beträgt 50 zu 50. In der Praxis wird diese Quote aber nur beispielsweise für Zinseinkünfte, Einkünfte aus Vermietung und Verpachtung, Arbeitslosengeld und Renteneinkünfte angewendet.

Bei Erwerbseinkünften hingegen wird ein sogenannter Erwerbstätigenbonus berücksichtigt. Vom bereinigten Nettoeinkommen kann ein Betrag (meist ein Siebtel) abgezogen werden, welcher dem erwerbstätigen Ehepartner gegenüber dem nicht erwerbstätigen einen Anreiz zur Arbeitsfortsetzung bieten soll. Die Mehrzahl der Oberlandesgerichte gewährt eine Unterhaltsquote von drei Siebtel zu vier Siebtel. Leicht anders sieht es das bayrische Oberlandesgericht und räumt eine Quote von 45 Prozent zu 55 Prozent ein.

Beispiel

Stefan hat ein bereinigtes Nettoeinkommen von 2100 Euro. Seine Frau Ellen kümmerte sich während der Ehe um die Kinder und war zu Hause. Nach der Düsseldorfer Tabelle ergeben sich folgende Berechnungen:

Vom Nettogehalt wird zunächst ein Siebtel als Erwerbstätigenbonus abgezogen, den Stefan allein behalten darf (2100 × 1/7 = 300 Euro). Die verbleibenden 1800 Euro werden durch zwei geteilt, woraus sich der Bedarf jedes Ehepartners ergibt. Der Unterhaltsanspruch von Ellen beträgt also 900 Euro.

Arbeiten beide Ehepartner, können beide von ihrem bereinigten Nettoeinkommen den Erwerbstätigenbonus von einem Siebtel (in manchen Oberlandesgerichtsbezirken etwas mehr oder weniger) abziehen. Der Mehrverdienende hat die Hälfte der Differenz an den anderen Ehepartner als Unterhalt zu zahlen.

Beispiel

Wenn Ellen halbtags arbeitet und ein bereinigtes Nettoeinkommen von 700 Euro hat, ergibt sich folgende Unterhaltsberechnung:

Auch hier wird zunächst der jeweilige Erwerbstätigenbonus von den beiden Nettoeinkommen abgezogen (Stefan: $2100 \times 1/7 = 300$ Euro, also $2100 - 300 = 1800$ Euro; Ellen: $700 \times 1/7 = 100$ Euro, also $700 - 100 = 600$ Euro). Der gemeinsame Bedarf ergibt sich aus der Summe der beiden Ergebnisse ($1800 + 600 = 2400$ Euro), das heißt der jeweilige Bedarf beträgt 1200 Euro. Da Ellen 700 Euro selbst verdient, hat sie einen Unterhaltsanspruch von $1200 - 700 = 500$ Euro.

Der Unterhaltspflichtige darf einen bestimmten Betrag, den sogenannten Selbstbehalt, für sich beanspruchen. Das heißt, dieser Betrag bleibt ihm auf jeden Fall zum Leben. Der monatliche Selbstbehalt beträgt zurzeit gegenüber dem getrennt lebenden beziehungsweise dem geschiedenen Ehepartner in der Regel 1000 Euro. Allerdings kann der Selbstbehaltsatz auch einmal über- oder unterschritten werden, das ist abhängig vom Einzelfall. Denn die Leitlinien der Oberlandesgerichte berücksichtigen im Selbstbehalt einen Mietkostenanteil, dessen Höhe die Oberlandesgerichte in ihren Leitlinien selbst festlegen.

Achtung!

Ein bereinigtes Nettoeinkommen, das über 6000 Euro monatlich hinausgeht, bleibt in der Regel anrechnungsfrei. Es sei denn, der andere kann nachweisen, dass das komplette Nettoeinkommen das »eheliche Leben geprägt« hat, also verkonsumiert wurde.

Bereinigtes Nettoeinkommen

Für die Berechnung der Unterhaltszahlungen kommt es auf das bereinigte Nettoeinkommen an. Doch was bedeutet eigentlich »bereinigtes Nettoeinkommen«, und was unterscheidet es vom reinen Nettoeinkommen?

Ausgangspunkt der Unterhaltsberechnung ist immer das Bruttoeinkommen der tatsächlichen Einkünfte. Zum Bruttoeinkommen (bei Angestellten der Durchschnitt der letzten zwölf Monate, bei Selbstständigen der Durchschnitt der letzten drei Jahre) kommen weitere Posten hinzu, wie etwa Sachbezüge und anderes, die gerne vergessen werden:

- fiktive Einkommen (wenn der Unterhaltspflichtige weniger arbeitet, als er muss),
- Kapitalzinsen,
- Einnahmen aus Beteiligungen,
- Renten,
- Arbeitslosengeld,
- Sachleistungen (Firmen- oder Dienstwagen, billige Werkswohnung, kostenfreies Kantinenessen etc. muss in Geldwert umgerechnet werden),
- Trinkgelder,
- Einnahmen aus Vermietung und Verpachtung,
- Sonderzahlungen (Weihnachts- und Urlaubsgeld),
- erfolgte Steuerrückzahlungen,
- Spesen,
- Abfindungen (monatlich umgerechnet bis zur Höhe des letzten Lohnes),
- Krankengeld,
- Schlechtwettergeld,
- Kurzarbeitergeld,
- BAföG (oder vergleichbare Leistungen),
- Wohnwert der eigenen Immobilie (abzüglich verbrauchsunabhängige Nebenkosten und Darlehensbelastung. Hat der Wohnwert auch die ehelichen Lebensverhältnisse geprägt, sind sowohl Zins- als auch Tilgungsleistungen beim Trennungsunterhalt zu berücksichtigen. Handelt es sich um nichtprägenden Wohnwert, sind nur Zinsen zu berücksichtigen.)

Achtung!
Freiwillige Leistungen Dritter (wie etwa der Eltern) fließen nicht in die Unterhaltsberechnung mit ein, es sei denn, der Unterhaltsberechtigte hat einen Anspruch darauf. Auch Einkünfte aus überobligatorischer Arbeit sind zwar unterhaltsrelevant, werden aber (meist) nur zur Hälfte angerechnet.

Beispiel
Eine Mutter mit einem Säugling arbeitet nebenher und verdient damit 500 Euro monatlich. Während dieser Zeit betreut eine Studentin für 50 Euro den Nachwuchs. Die Arbeit ist überobligatorisch, 250 Euro wer-

den unterhaltsrelevant als ihr Einkommen gewertet, 250 Euro bleiben ihr direkt.

Vom Bruttoeinkommen der tatsächlichen Einkünfte kann man folgende Beträge abziehen:

- öffentlich-rechtliche Abgaben (Steuern),
- Fahrtkosten zur Arbeitsstätte,
- Wohngeld,
- Erziehungsgeld,
- berufsbedingte Aufwendungen (meist als Pauschale von 5 Prozent des Nettoeinkommens, jedoch nicht mehr als 150 Euro maximal; höhere Aufwendung – z. B. für Arbeitskleidung und -materialien, Beiträge zu Berufsverbänden – kann man nur im Einzelbelegverfahren geltend machen),
- Fortbildungskosten,
- vermögenswirksame Leistungen (bei Gutverdienern),
- angemessene Altersvorsorgeleistungen (für private Altersvorsorge mindestens 5 Prozent des Bruttolohns, BGH, AZ: XII ZR 149/01),
- Darlehensleistungen (die den ehelichen Lebensstandard geprägt haben),
- Unterhaltspflichten gegenüber vorrangig Berechtigten (meist den Kindern),
- Abschreibungen (etwa Afa) bei Selbstständigen und Freiberuflern.

> **Achtung!**
> Ist ein unterhaltspflichtiger Elternteil nicht sozialversicherungspflichtig (als Selbstständiger), ist ihm bei der Berechnung des unterhaltsrelevanten Einkommens ein Anteil von rund 20 Prozent seines Bruttoeinkommens für die Verwendung seiner privaten Altersversorgung zuzubilligen. (Bundesgerichtshof, Urteil vom 19.02.2003, Az.: XII, ZR 67/00)

Grundsätzlich ist zu berücksichtigen, dass bei der Berechnung des Trennungsunterhalts als Stichtag der Trennungstag herangezogen wird. Tritt allerdings beim Lohn etwa eine Tarifanhebung oder eine Regelbeförderung ein (bei Beamten), die automatisch den Lebensstandard der Ehe erhöht hätte, fließt dieses »Mehr« an Geld auch in den Trennungsunterhalt mit ein. Eine nicht zu erwartende Lohnerhöhung allerdings, der sogenannte

Karrieresprung, wird dagegen nicht beim Trennungsunterhalt berücksichtigt.

Nicht mitgerechnet werden auch die Einkünfte des neuen Partners des Unterhaltspflichtigen, es sei denn:

- Es liegt ein Mangelfall vor, in dem der Unterhaltsberechtigte nicht alle Unterhaltspflichten erfüllen kann und er in der Immobilie des neuen Partners lebt. Hier können dessen Einnahmen den Selbstbehalt des Unterhaltspflichtigen um 25 Prozent mindern.
- Der neue Partner verdient extrem viel und der Unterhaltspflichtige fast nichts oder gar nichts.

Beispiele zur Berechnung des unterhaltsrelevanten Einkommens

Beispiel 1: Zwei Kinder, Frau zu Hause, Mann arbeitet, Kurzarbeit

Stefan hat sich Ende des Vorjahres von seiner Frau Claudia, die nicht berufstätig ist, getrennt. Für seine beiden Söhne Markus und Andreas zahlt er 380 beziehungsweise 320 Euro Kindesunterhalt.

Stefan ist gut bezahlter Ingenieur in der Automobilbranche. Er verdient 5000 Euro brutto monatlich, dazu ein Monatsgehalt als Weihnachtsgeld und ein halbes als Urlaubsgeld. Er erhält ein kostenfreies Mittagessen. Stefan ist Gewerkschaftsmitglied und zahlt dafür 80 Euro monatliche Mitgliedsbeiträge. Für das Haus, in dem seine Frau und seine zwei Kinder weiterhin leben, zahlt er noch 200 Euro monatlich Darlehenskosten zuzüglich 20 Euro monatlich Tilgungsleistung. Das Haus hat nach dem Mietspiegel eine erreichbare Monatskaltmiete von 1100 Euro, die verbrauchsabhängigen Nebenkosten liegen bei 150 Euro, alle anderen Nebenkosten zusammengenommen liegen bei 50 Euro monatlich.

Stefan wird allerdings Ende des Jahres von der Finanzkrise getroffen. Für November erhält er 80 Prozent seines Nettoeinkommens als Kurzarbeitergeld. Anfang Dezember wird Stefan arbeitslos und bekommt eine Abfindung von 40000 Euro. Während der Kurzarbeit jobbt er in einer Kneipe ein paar Stunden pro Woche, verdient dabei 200 Euro zuzüglich 100 Euro Trinkgeld. Während dieser Zeit besucht er an der Volkshochschule einen berufsbezogenen Weiterbildungskurs »Business English«, der 150 Euro kostet.

Stefan hat Geld beiseitegelegt. Nach Abzug aller Abgaben bleiben ihm 2000 Euro Kapitalzinsen. Im betreffenden Jahr erhielt das Paar 2000 Euro

Steuerrückzahlung. Stefan zahlt jeden Monat 100 Euro in eine Riester-Rente ein.

Stefans Eltern zahlen ihrem Sohn der schwierigen Situation wegen die Kosten für einen neuen Fiat 500 im Wert von 13 000 Euro.

Bruttomonatsgehalt (Januar bis Oktober: 10 × 5 000 Euro)	50 000,00
Kurzarbeitergeld (80 Prozent des Nettogehaltes November)	+ 2 500,00
Abfindung (anteilig für den Dezember 40 000 Euro/12; wird angerechnet bis zur Höhe der durchschnittlichen Einkünfte)	+ 3 333,00
Weihnachtsgeld (ein volles Monatsgehalt)	+ 5 000,00
Urlaubsgeld (ein halbes Monatsgehalt)	+ 2 500,00
kostenfreies Kantinenessen (wird in Barwert umgerechnet: 220 Tage × 2 Euro)	+ 440,00
Kneipenjob (Weil er in der Kneipe während der Kurzarbeit jobbte, würden Richter dies wohl nicht als überobligatorisch bezeichnen.)	+ 200,00
Trinkgelder (während des Kneipenjobs)	+ 100,00
Kapitalerträge (abzüglich aller Nebenkosten wie Kapitalertragssteuer und den Nebenkosten der Bankgeschäfte von ca. 50 Euro)	+ 2 000,00
Fiat 500 (Grundsätzlich fließen Schenkungen und Erbschaften nicht in den Zugewinnausgleich und die Berechnung des Unterhalts mit ein, es sei denn, sie hätten das »eheliche Leben geprägt«.)	+ 0,00
Unterhaltsrelevantes Bruttoeinkommen	**66 073,00**
Kindesunterhalt Markus (380 × 12)	– 4 560,00
Kindesunterhalt Andreas (320 × 12)	– 3 840,00

Einkommenssteuer	– 15 000,00
Gewerkschaftsbeitrag	– 960,00
(12 × 80 Euro)	
Berufsbedingte Aufwendungen	– 0,00
(Pauschale von 5 Prozent des Nettoeinkommens; hier nicht, da die Gewerkschaftsbeiträge die Pauschale schon übersteigen, es gibt nur Pauschale *oder* Einzelnachweise.)	
Weiterbildung	– 150,00
(nur, wenn nicht in Pauschale)	
angemessene Altersvorsorge	– 1 200,00
(12 × 100 Euro für Riester-Rente)	
Darlehenskosten	– 2 400,00
(12 × 200 Euro)	
Tilgungsleistung	– 0,00
(12 × 20 Euro, Achtung: Tilgungsleistungen sind nicht unterhaltsrelevant!)	
Unterhaltsrelevantes (bereinigtes) Nettoeinkommen Stefan	**40 363,00**
beziehungsweise monatlich	**3 363,58**
Nach der gängigen 3/7-Regelung (ein wenig mehr soll dem Erwerbstätigen als Anreiz bleiben) müsste Stefan seiner Ex-Partnerin monatlich überweisen	1 441,53
mietfreies Wohnen	– 550,00
(Claudia wohnt auch in Stefans »Eigentumshälfte« des gemeinsamen Hauses, dafür muss sie sich die Hälfte der ortsüblichen Kaltmiete unterhaltsmindernd anrechnen lassen: 12 × 1 100 Euro /2)	
verbrauchsabhängige Nebenkosten	– 0,00
(Wie in einer Mietwohnung muss Claudia Strom, Wasser etc. allein bezahlen.)	
verbrauchsunabhängige Nebenkosten	– 25,00
(Da Claudia hälftig Eigentümerin ist, muss sie auch für Gebäudepflichtversicherungen, Grundsteuer etc. hälftig aufkommen, die von Stefans Konto abgebucht werden: 12 × 50 Euro /2)	
Claudia erhält eine Unterhaltszahlung von	**866,53**
zzgl. des Kindesunterhaltes	**+ 700,00**
Gesamt	**1 566,53**

Diese Rechnung soll nur überschlagsweise veranschaulichen, wie schnell auch theoretisch ein sehr ordentliches Bruttoeinkommen zu doch wesentlich geringeren Unterhaltszahlungen führen kann, wobei Claudia in diesem Fall mietfrei wohnt. Auch bei Stefan wird sich die Einkommenssituation deutlich verschlechtern, denn er muss sich eine Mietwohnung leisten.

Beispiel 2: Keine Kinder, großer Verdienstunterschied

Zugegebenermaßen ein Klischee, aber auch solche soll es ja geben: Stefan ist Chefarzt und verdient ausgesprochen gut (9 000 Euro unterhaltsrelevantes Nettoeinkommen). Seine Frau Sabine ist Krankenschwester und verdient 1 500 Euro netto. Die beiden trennen sich, das Paar hat keine Kinder.

Nettoeinkommen Stefan	9 000 Euro
davon unterhaltsrelevant	– 3 000 Euro
(es sei denn, Sabine kann nachweisen, dass das komplette Netto verkonsumiert wurde, ansonsten bleibt alles über 6 000 Euro unberücksichtigt.)	
	6 000 Euro
Unterhaltsrelevantes (bereinigtes) Nettoeinkommen Stefan	6 000 Euro
Unterhaltsrelevantes (bereinigtes) Nettoeinkommen Sabine	1 500 Euro

Beide können einen Erwerbstätigenbonus von 1/7 beanspruchen. Danach wird die Differenz halbiert:

- 6 000 Euro : 7 $\quad\quad\quad$ = $\quad$ 857,14 Euro
  6 000 Euro – 857,14 $\quad$ = 5 142,86 Euro
- 1 500 Euro : 7 $\quad\quad\quad$ = $\quad$ 214,29 Euro
  1 500 Euro – 214,29 $\quad$ = 1 285,71 Euro
- 5 142,86 Euro – 1 285,71 Euro = 3 857,15 Euro
  3 857,15 Euro : 2 $\quad\quad\quad\quad\quad$ = 1 928,58 Euro

Stefan muss Sabine monatlich überweisen	1 928,58 Euro

Beispiel 3: Mangelfall

Schon beim Thema Kindesunterhalt wurde der Mangelfall erwähnt. Er tritt häufig ein, wenn der Unterhaltspflichtige mehrere leibliche Kinder hat und/oder wenig verdient. Als Mangelfall wird alles im Unterhaltsrecht bezeichnet, bei dem der Unterhaltspflichtige nicht allen finanziellen Verpflichtungen der Unterhaltsberechtigten (nach Abzug seines Selbstbehalts) nachkommen kann. Durch das Gesetz zur Reform des Unterhaltsrechtes wurde nun seit 2008 die Rangfolge geändert, in der Unterhaltsansprüche immer in voller Höhe (es gibt keine prozentuale Absenkung aller!) geleistet werden müssen. Die Rangfolge sieht wie folgt aus:

1. Schulpflichtige unverheiratete Kinder und Kinder unter 21. Jahren, die bei den Eltern leben und in der Schulausbildung sind, gleichgültig, ob es eheliche oder nichteheliche Kinder sind
2. Betreuungsunterhalt für den Elternteil, der ein Kind betreut (unabhängig davon, ob er mit dem Elternteil verheiratet war oder nicht – also die Gleichstellung mit dem zweiten kindererziehenden Partner)
3. Ehegattenunterhalt

Dazu ein Beispiel:
Rüdiger arbeitet als Kfz-Mechaniker und verdient unterhaltsrelevante 1 400 Euro netto. Seine Frau Brigitte kümmert sich um die drei kleinen Kinder (ein, drei und fünf Jahre alt) und hat daher keine Erwerbseinkünfte.

- Kindesunterhalt (Mindestunterhalt): 225 Euro
- Kindesunterhalt II: 225 Euro
- Kindesunterhalt III: 225 Euro

Der Kindesunterhalt steht in der Rangfolge mittlerweile an erster Stelle, er ist zuerst zu leisten, erst danach kommt der Betreuungsunterhalt (darunter würde der Unterhalt für seine Frau Brigitte fallen), erst danach andere Formen des Ehegattenunterhalts.

Selbst beim Mindestunterhalt kommt Rüdiger auf eine Gesamtbelastung durch den Kindesunterhalt von 675 Euro. Berücksichtigt man, dass ihm von seinem Nettoeinkommen (1 400 Euro) ein Selbstbehalt in Höhe von 900 Euro zusteht, so sieht die Aufteilung von Rüdigers Einkommen folgendermaßen aus:

- Rüdiger (Selbstbehalt): 900 Euro
- die drei Kinder zusammen: 500 Euro
- Brigitte: 0 Euro

Beispiel 4: Besserer Verdienst der neuen Partnerin des Mannes

Ähnlicher Fall: Rüdiger arbeitet als Kfz-Mechaniker und hat ein unterhaltsrelevantes Einkommen von 1 400 Euro netto. Seine Ex-Frau Brigitte kümmert sich um die drei kleinen Kinder (ein, drei und fünf Jahre alt) und hat daher keine Erwerbseinkünfte.

Anders als im vorigen Beispiel lebt Rüdiger aber mit einer neuen Partnerin, die etwa 2 500 Euro netto verdient, in eheähnlicher Lebensgemeinschaft in deren abbezahlter Eigentumswohnung.

Es liegt zwar ein Mangelfall vor, das heißt Rüdiger kann statt 675 Euro Mindestunterhalt für seine Kinder nur 500 Euro zahlen. Allerdings wohnt er in der Immobilie der neuen Partnerin. Deshalb können deren Einnahmen den Selbstbehalt Rüdigers um 25 Prozent mindern, der neue Selbstbehalt beträgt daher nur noch 675 Euro.

Berücksichtigt man diesen neuen Umstand, kann Rüdiger nun den vollen Unterhalt für seine Kinder aufbringen, da hierfür nun 725 Euro zur Verfügung stehen (1 400 Euro – 675 Euro).

Befristung und Verzicht des Trennungsunterhalts

Anders als beim nachehelichen Unterhalt kann auf den Trennungsunterhalt nicht verzichtet werden. Eheverträge, die einen Trennungsunterhalt ausschließen wollen, sind unwirksam, auch wenn sie vor einem Notar geschlossen wurden.

Achtung!

Allerdings kann man auf die Differenz zwischen dem tatsächlich gezahlten und dem nachträglich berechneten tatsächlichen Trennungsunterhalt verzichten.

Mit der Trennung entsteht eine gewisse Eigenverantwortung der Ehepartner, ihren Unterhaltsbedarf selbst zu decken. Jedoch greift diese nicht so weit wie nach der Scheidung. Wer bislang nicht berufstätig war, muss zunächst auch weiterhin nicht arbeiten. Im ersten Jahr der Trennung besteht in der Regel keine Erwerbsobliegenheit (§ 1361 Abs. 2 BGB). Wurde vor der Trennung nur eine Teilzeitbeschäftigung ausgeübt, ist diese zunächst auch ausreichend. Der unterhaltsbedürftige Partner muss nicht sofort »voll« arbeiten gehen, eine Ganztagsstelle aufnehmen.

> **Achtung!**
> Die Pflicht zur Aufnahme einer Erwerbstätigkeit nach dem Trennungs-
> jahr kann zeitlich nach hinten verschoben werden, wenn die Ehe bei-
> spielsweise schon lange besteht oder der unterhaltsbedürftige Partner
> schon älter ist.

Da die Trennung der Eheleute aber nur ein Zwischenstadium und kein Dau-
erzustand sein soll, wächst mit der Zeit die Verpflichtung, eine Erwerbstätigkeit zu suchen und aufzunehmen. Umso länger die Trennung andauert, umso
mehr müssen sich die Partner darauf einstellen, sich (wieder) selbst zu versorgen.

Etwas anderes gilt für diejenigen Ehepartner, die sich um das gemeinsame
oder das nichteheliche Kind nach der Trennung kümmern. Hier ist die Aufnahme einer Erwerbstätigkeit eingeschränkt. Es muss im Einzelfall entschieden werden, wie lange sich der Ehepartner ausschließlich um die Betreuung
des Kindes kümmern darf, ohne eine Arbeit aufnehmen zu müssen. In den
ersten drei Lebensjahren des Kindes wird eine Arbeitspflicht auf jeden Fall
nicht bestehen.

> **Achtung!**
> Der Trennungsunterhalt kann nur bis zur Rechtskraft der Scheidung ver-
> langt werden. Der nacheheliche Unterhalt ist davon zu trennen. Dieser
> muss gesondert eingefordert beziehungsweise eingeklagt werden.

Nachehelicher Unterhalt

Für die Gewährung des nachehelichen Unterhalts ist der Zeitpunkt des
Scheidungstermins ausschlaggebend. Nur wenn zum Scheidungstermin Bedürftigkeit vorlag, wird nachehelicher Unterhalt gewährt. Entsteht die Bedürftigkeit erst später, besteht in der Regel kein Unterhaltsanspruch.

Ebenfalls keinen Unterhalt gibt es, sobald der unterhaltsbedürftige Ehepartner wieder heiratet. Damit entfällt sein Unterhaltsanspruch gegenüber
dem ehemaligen Partner.

Durch die Unterhaltsrechtsreform tritt nach der Scheidung der Grundsatz der wirtschaftlichen Eigenverantwortung in Kraft (§ 1569 BGB). Der nacheheliche Unterhalt ist jetzt in Ausnahmetatbestände gegliedert.

Nachehelicher Unterhalt ist nur noch möglich, wenn ein Ex-Partner nicht arbeiten kann, weil folgende Gründe vorliegen:

- Betreuungsunterhalt (wenn ein gemeinsames Kind betreut werden muss, § 1570 BGB);
- Altersunterhalt (wenn aus Altersgründen nicht mehr gearbeitet werden kann, § 1571 BGB);
- Unterhalt wegen Krankheit (§ 1572 BGB);
- Unterhalt wegen Arbeitslosigkeit (§ 1573 Absatz 1 BGB);
- Unterhalt wegen Ausbildung, Fortbildung oder Umschulung (§ 1575 BGB);
- Billigkeitsunterhalt (§ 1576 BGB);
- Aufstockungsunterhalt (wenn zwar gearbeitet wird, aber nicht genug verdient wird, um den Lebensstandard der Ehe zu erhalten, § 1573 Absatz 2 BGB).

Zum Unterhaltsvergleich wurde kürzlich das folgende neue Urteil gesprochen: Einigen sich die Ehepartner auf einen Unterhaltsanspruch der einen Seite pauschal (also ohne Berechnungsgrundlagen), so kann dieser Vergleich später einseitig aufgekündigt werden, wenn die wirtschaftlichen Verhältnisse sich wesentlich ändern. (Bundesgerichtshof, Urteil vom 25.11.2009, Az.: XII ZR 8/08)

Betreuungsunterhalt

Betreuungsunterhalt muss gezahlt werden, wenn ein gemeinschaftliches minderjähriges Kind betreut wird – für mindestens seine ersten drei Lebensjahre.

Nach einem wegweisenden Urteil des Bundesverfassungsgerichts vom 23. Mai 2007, welches die Unterhaltsrechtsreform erst angeschoben hat, fallen unter den Begriff »gemeinschaftliche« Kinder alle ehelichen und nichtehelichen Kinder. Waren Eltern bis dahin nicht verheiratet, konnten sie nicht so lange Betreuungsunterhalt für ihr Kind beanspruchen wie in dem Fall einer Ehe. Das Bundesverfassungsgericht war der Auffassung, die Ungleichbehandlung der ehelichen gegenüber den nichtehelichen Kindern sei verfassungswidrig.

Neben den leiblichen Kindern fallen auch Adoptivkinder unter den Begriff »gemeinschaftlich«, nicht aber außereheliche sowie Stief- und Pflegekinder. Selbst dann nicht, wenn sie lange bei den Eltern gelebt haben.

Für den Betreuungsunterhalt muss der anspruchstellende Elternteil das gemeinsame Kind auch tatsächlich betreuen. Der Anspruch besteht daher nicht, wenn ein Kind zum Beispiel im Heim oder bei Pflegeeltern groß wird. Oder wenn das Kind bereits volljährig ist, denn Betreuungsunterhalt kann nur für minderjährige Kinder verlangt werden.

Das Gesetz räumt den Betreuungsunterhalt für mindestens drei Jahre ein. Was aber gilt nach diesem Zeitraum? Grundsätzlich besteht für den bis dahin ausschließlich betreuenden Elternteil eine Erwerbsobliegenheit. Er muss seine alte oder eine neue Arbeit (wieder) aufnehmen. Es sei denn, eine längere Betreuung wäre »billig«, das heißt notwendig. Bei Kindern über drei Jahren sind die Kinderbetreuungsmöglichkeiten und die Belange des Kindes hierfür entscheidend: Kann eine Kinderbetreuung in Anspruch genommen werden und ist das mit den Belangen des Kindes vereinbar, muss der bis dahin betreuende Elternteil wieder arbeiten.

Achtung!
Den Umstand, dass keine ausreichenden Betreuungsmöglichkeiten vorliegen, hat der Unterhaltsbegehrende nachzuweisen.

Auch wenn eine Kinderbetreuungsmöglichkeit vorliegt, können die »Belange des Kindes« gegen eine Erwerbstätigkeit des betreuenden Elternteils sprechen. Dazu wird geprüft, ob das Kind im Vergleich zu seinen Altersgenossen besonders betreuungsbedürftig ist, daher zunächst besser vorrangig beim betreuenden Elternteil bleibt. Trennung und Scheidung können das Kind emotional sehr mitgenommen haben. Auch andere Gründe, wie dauerhafte Gesundheitsstörungen, Behinderungen und schwere Verhaltensauffälligkeiten, können gegen eine Erwerbsobliegenheit sprechen. Die Nachweispflicht trägt auch hier der Unterhaltsbegehrende.

Darüber hinaus legt der Gesetzeswortlaut eine Verlängerung des Unterhalts aus »Billigkeit« fest (§ 1570 Abs. 2 BGB). Hier wird nicht auf das Wohl des Kindes abgestellt: Gemeint sind Fälle, in denen der betreuende Elternteil schon während der Ehe nicht oder nur wenig arbeitete, um die Kinder zu erziehen, und der Ehepartner damit einverstanden war.

Achtung!
Arbeitet der Unterhaltsbegehrende nicht, obwohl er das müsste, wird sein fiktives Einkommen für die Unterhaltsberechnung herangezogen. Die Einkommenseinbuße geht voll zu seinen Lasten. Allerdings muss das fiktive Einkommen auch objektiv erzielbar sein. Die wirtschaftliche Handlungsfreiheit eines Unterhaltspflichtigen ist verletzt, wenn ihm fiktive Einkommen zugerechnet werden, die er nach Ausbildung, Berufserfahrung, Alter und Gesundheitszustand objektiv nicht erzielen kann. (Bundesverfassungsgericht vom 18.03.2008, Az.: 1 BvR 125/06)

Zur Erwerbsobliegenheit trotz Kind liegt das folgende Urteil vor: Einer erwerbstätigen Ehefrau kann nach einer Übergangszeit trotz der Betreuung einer 11-jährigen Tochter eine Berufstätigkeit mit 30 Wochenstunden zugemutet werden. (Oberlandesgericht Karlsruhe, Urteil vom 17.02.2009, Az.: 2 UF 102/08)

Grundlegende Urteile zum Betreuungsunterhalt

Im Folgenden werden die beiden jüngsten und äußerst wichtigen Entscheidungen zum Betreuungsunterhalt zusammengefasst.

BGH-Urteil vom 16. Juli 2008 (Az.: XII ZR 109/05)

Mit Spannung war es erwartet worden: das erste höchstrichterliche Urteil zum neuen Unterhaltsrecht. Im Kern ging es um die Fragen, die das neue Unterhaltsrecht anders klären wollte, als es die bisherige Rechtslage vorsah, mit anderen Worten: um die Ausgestaltung des nachehelichen Betreuungsunterhalts nach § 1570 BGB.

- Wie lange muss Unterhalt gezahlt werden?
- Wann muss der Unterhaltsberechtigte wieder eigenes Geld verdienen?
- Wie viel muss der Unterhaltsberechtigte arbeiten, wenn Kinder zu versorgen sind?

Sachverhalt Sachverhalt ist eine 1968 geborene Frau, die von ihrem früheren Ehemann getrennt lebt und den 1995 geborenen Sohn versorgt, als sie den neuen Partner kennen lernte. Zwei gemeinsame Kinder wurden 1997 und 2001 geboren. Der Mann ist seit 2004 neu verheiratet.

Vorinstanzen Das Berufungsgericht hat den Mann verurteilt, neben dem Kindesunterhalt nach Düsseldorfer Tabelle zusätzlich rückständigen und laufenden Betreuungsunterhalt zu zahlen, zuletzt in Höhe von 216 Euro monatlich. Der Betreuungsunterhalt wurde allerdings zeitlich begrenzt bis zur Vollendung des sechsten Lebensjahres des jüngsten gemeinsamen Kindes. Die Revision der Frau forderte nun einen höheren und vor allem unbefristeten Unterhalt.

Urteil Der Bundesgerichtshof hat die angegriffene Entscheidung aufgehoben und die Streitsache zur erneuten Verhandlung an das zuständige Oberlandesgericht zurückverwiesen. Wichtig ist aber die Urteilsbegründung des obersten deutschen Zivilgerichtes, aus der sich für die Zukunft wichtige Handhabungen ablesen lassen und zwar in Bezug auf

- die Höhe des Unterhaltsbedarfs und
- die Anspruchsdauer des Betreuungsbedarfs.

Urteilsbegründung »Höhe des Unterhaltsbedarfs« Grundsätzlich richtet sich der nacheheliche Unterhalt nach den »fortgeschriebenen ehelichen Verhältnissen«.

Umstritten war, ob sich bei einer nichtehelichen Lebensgemeinschaft vor der Geburt des Kindes die für den späteren Unterhaltsbedarf ausschlaggebende Lebensstellung auch aus einem höheren Einkommen des nichtehelichen Lebenspartners ergeben kann. Die Vorinstanz bejahte dies, der Bundesgerichtshof nicht. Im Unterschied zur Ehe ergeben sich allein aus einer nichtehelichen Lebensgemeinschaft ohne Kind (nicht zu verwechseln mit einer eingetragenen Lebenspartnerschaft) keine Unterhaltsverpflichtungen.

Urteilsbegründung »Anspruchsdauer des Betreuungsbedarfs« Mit der Schaffung des neuen Unterhaltsrechts seit Beginn 2008 gilt das frühere Recht nur für Fälle, in denen der Unterhaltsanspruch vorher fällig wurde. Bis Ende 2007 wurde der nacheheliche Unterhalt in einem Altersphasenmodell ausgelegt, nach dem betreuende Elternteile bis zur Vollendung des achten Lebensjahres gar nicht arbeiten mussten. Bis zur Vollendung des 15. Lebensjahres des jüngsten Kindes musste halbtags gearbeitet werden; erst wenn das jüngste Kind älter als 15 war, konnte eine Ganztagstätigkeit zugemutet werden. Gleichzeitig galt für die Mütter nichtehelicher Kinder nur ein zeitlich begrenzter Unterhaltsanspruch bis zur Vollendung des dritten Lebensjahres. Das Gesetz hat diese Unterschiede zwischen ehelichen und nichtehelichen Kindern aufgehoben und festgeschrieben, dass Anspruch auf Betreuungsunterhalt grundsätzlich nur für mindestens drei Jahre nach der Geburt des jüngsten Kindes besteht. Verlängert werden kann der Unterhalt darüber hinaus nur aus Gründen der »Billigkeit«, so das Gesetz. Gründe aus dem Gesetz (für die Verlängerung des Betreuungsunterhalts) sind kindbezogene Gründe, wie vor allem der Mangel an Betreuungsgelegenheiten, und elternbezogene Gründe, wie die Betreuungsregelung während der Ehe.

Der vielleicht wichtigste Satz des Urteils lautete jedoch, dass selbst die ganztägige Versorgung eines Kindes in einem Kindergarten nicht notwendigerweise zu einer vollen Erwerbspflicht des betreuenden Elternteils führen muss. Denn eine Vollzeitbeschäftigung könnte wegen der Betreuung des Kindes in den Abendstunden eine »überobligatorische Doppelbelastung« des Unterhaltsempfängers darstellen. Allerdings hat der Bundesgerichtshof es unterlassen, ein festes neues Betreuungsmodell aufzustellen, also festzulegen, ab welchem Alter des jüngsten Kindes der betreuende Elternteil wie viel arbeiten muss. Wörtlich heißt es in dem Urteil: »Bei der Bemessung der Erwerbsobliegenheit des betreuenden Elternteils ist zu beachten, ob ihm neben oder nach der Erziehung und Betreuung in staatlichen Einrichtungen der verbleibende Anteil an der Betreuung und Erziehung des Kindes in Verbindung mit einer vollschichtigen Erwerbstätigkeit zu einer überobligatorischen Belastung führen würde.«

Insgesamt wird dieses Urteil als Stärkung der geschiedenen, kindererziehenden Mütter gewertet. Spannend wird es, wie die Oberlandesgerichte diese Entscheidung in ein neues Balancesystem aus Arbeitsverpflichtung der unterhaltsberechtigten Mütter einerseits und beschäftigungsfreier Zeit für die Kindeserziehung andererseits ummünzen werden.

BGH-Urteil vom 18. März 2009 (Az.: XII ZR 74/08)

Der Bundesgerichtshof hat sein lang erwartetes erstes Urteil zur Dauer des nachehelichen Unterhalts verkündet. Kern der Entscheidung ist der Urteilsspruch, dass nachehelicher Unterhalt wegen Kinderbetreuung entfallen kann, wenn im Einzelfall ausreichende Betreuungsmöglichkeiten für das gemeinsame Kind zur Verfügung stehen. Fazit: Alleinerziehende müssen künftig schneller als bisher wieder einen Vollzeitjob aufnehmen.

Verhandelt wurde über einen Vater, der seiner Ex-Frau keinen Betreuungsunterhalt mehr zahlen wollte. Die Frau ist Studienrätin und arbeitet 70 Prozent der regulären Wochenarbeitszeit. Das gemeinsame Kind ist sieben Jahre alt und lebt bei der Mutter. Der Vater war der Ansicht, die Mutter könne wieder voll berufstätig sein, weil die Betreuung des Kindes bis 16 Uhr in einem Kinderhort gewährleistet sei.

Aus für das »Altersphasenmodell« Gestritten wird auch hier über die »Billigkeit« des nachehelichen Unterhalts. Gesetzlich garantiert ist der Betreuungsunterhalt im Gegensatz zum früheren »Altersphasenmodell« (nach dem die Mutter bis zum achten Lebensjahr des jüngsten Kindes gar nicht und bis zum 15. Lebensjahr des jüngsten Kindes nur halbtags arbeiten musste) jetzt nur noch bis zum dritten Lebensjahr des jüngsten Kindes. Darüber hinaus muss nur noch Unterhalt gezahlt werden, wenn das der »Billigkeit« entspricht. Diesen Begriff musste der Bundesgerichtshof nun konkretisieren: Ist es für die Mutter »billig«, also vertretbar, mit einem 7-jährigen Sohn, den sie großzieht, wieder voll arbeiten zu gehen? Das Gericht entschied: Ja, weil für das Kind eine Betreuung verfügbar ist. Allerdings ist hier noch strittig, ob das Kind unter Asthma leidet (wie die Mutter sagt) oder nur häufig Husten hat (wie der Vater sagt). Das müssen Gutachten klären, entschied der Bundesgerichtshof und verwies den Fall wieder ans Berliner Kammergericht zurück. Es ist zu erwarten, dass die Mutter,

- sollte das Kind Asthma haben, nicht mehr als 70 Prozent arbeiten muss (weil ein erhöhter Betreuungsbedarf für ein chronisch krankes Kind besteht);
- sollte das Kind kein Asthma haben, vollschichtig berufstätig werden muss (oder Unterhaltseinbußen in Höhe der Differenz ihres jetzigen zum vollen Lohn hinnehmen muss, da niemand sie zwingen kann, beruflich aufzustocken).

Kernsätze des BGH-Urteils Mit der Entscheidung des Bundesgerichtshofes ist das Altersphasenmodell des alten Unterhaltsrechts, das bis 2008 galt, Geschichte. Die Kernsätze der BGH-Entscheidung aus dem Begründungstext:

- Wie schnell eine geschiedene Mutter wieder ganztags arbeiten muss, hängt von den Umständen des Einzelfalls ab.
- Im Rahmen der Billigkeitsprüfung muss erst geschaut werden, ob und in

welchem Umfang die Betreuung des Kindes auf andere Weise als durch die persönliche Betreuung durch die Eltern gesichert ist.

- Vollschichtige Arbeit und dazu Kindererziehung darf nicht zu einer »überobligatorischen Belastung« des Alleinerziehenden führen.
- Hatte die Mutter während der Ehe schon nicht vollschichtig gearbeitet, gilt das als Vertrauenstatbestand. Ein direkter Einstieg in die Vollschichtigkeit ist nicht billig, wohl aber ein »gestufter«, also ein ansteigender Weg in die volle Arbeitszeit.
- Arbeitet die Mutter während der ersten drei Jahre ihres jüngsten Kindes, sind diese Einkünfte immer »überobligatorisch«, das heißt sie fließen nur anteilsmäßig nach den Umständen des Einzelfalls in die Berechnung des Ehegattenunterhalts mit ein.
- Eine Mutter darf während der Erziehung in den ersten drei Jahren ihres jüngsten Kindes jederzeit eine Vollzeitstelle aufgeben.
- Für Kinder ab Vollendung des dritten Lebensjahres hat der Gesetzgeber den Vorrang der persönlichen Betreuung durch die Eltern gegenüber einer anderen kindgerechten Betreuung aufgegeben.
- Der Bundesgerichtshof schließt nicht aus, die Höhe des Betreuungsunterhalts in Fällen, in denen keine ehe- oder erziehungsbedingten Nachteile mehr vorliegen, nach Ablauf einer Übergangszeit zu begrenzen.

Altersunterhalt

Das Gesetz nennt keine Altersgrenze, ab wann ein bedürftiger älterer Ehepartner nicht mehr arbeiten muss, er also Unterhalt aufgrund seines Alters einfordern kann (§ 1571 BGB). Nach herrschender Rechtsmeinung soll das jedenfalls dann der Fall sein, wenn der Ehepartner Anspruch auf eine Altersrente hat (Frauen also mit 63 Jahren, Männer mit 65 Jahren). Wurde eine Vorruhestandregelung getroffen, muss im Einzelfall geprüft werden, ob der Unterhaltsanspruch schon früher besteht. Wird das bejaht, kann der neue Grundsatz der Eigenverantwortlichkeit verletzt sein (§ 1569 BGB).

Der Anspruch auf Unterhalt wegen des Alters kann bestehen:

- nach Scheidung,
- nach Beendigung der Pflege und Erziehung der gemeinschaftlichen Kinder,
- nach Wegfall des Unterhalts wegen Krankheit oder Erwerbslosigkeit,
- nach Wegfall des Aufstockungsunterhalts.

> **Achtung!**
> Der Anspruch von Altersunterhalt muss zum Zeitpunkt der Scheidung erfüllt sein.

Beispiel
Ein frischgebackener Rentner beantragt nach einigen unterhaltsfreien Jahren den Altersunterhalt. Darauf hat er allerdings keinen Anspruch.

Zum Altersunterhalt wurde das folgende Urteil gesprochen: Auch bei Scheidung einer langjährigen Ehe kann der Altersunterhalt herabgesetzt und befristet werden. (Oberlandesgericht Schleswig, Urteil vom 26.01.2009, Az.: 15 UF 76/08)

Unterhalt wegen Krankheit

Krankheitsunterhalt nach Paragraph 1572 BGB wird gewährt, wenn der bedürftige Ehepartner aus gesundheitlichen Gründen nicht arbeiten kann:

- zum Zeitpunkt der Scheidung,
- nach Beendigung der Pflege oder Erziehung eines gemeinschaftlichen Kindes,
- nach Beendigung der Ausbildung, Fortbildung oder Umschulung,
- nach Wegfall des Aufstockungsunterhalts oder
- nach Wegfall des Unterhalts wegen Erwerbslosigkeit.

Die Krankheit muss ärztlich attestiert sein und muss mindestens zu einer teilweisen Erwerbsunfähigkeit führen. Der Unterhalt aufgrund von Krankheit oder Gebrechen kann zeitlich und in der Höhe begrenzt werden (§ 1578b BGB).

Unterhalt wegen Erwerbslosigkeit

Ist der bedürftige Ehepartner arbeitslos, kann er möglicherweise Unterhalt wegen Erwerbslosigkeit beziehungsweise Arbeitslosigkeit beanspruchen. Dieser Unterhalt kann gewährt werden:

- bis zur Erlangung einer angemessenen Erwerbstätigkeit,
- als Erwerbslosenunterhalt,
- bei nicht nachhaltig gesicherter Erwerbstätigkeit.

Zudem kann der Unterhalt auch als Aufstockungsunterhalt beantragt werden. Geschützt wird durch den Unterhaltsanspruch jeder erwerbslose Geschiedene, der nach der Scheidung keine angemessene Tätigkeit findet, obwohl er sie sucht.

Doch welche Tätigkeit ist »angemessen«? Der bedürftige geschiedene Ehepartner muss nicht jede Tätigkeit annehmen. Er kann sich aber auch nicht auf einen bestimmten Lebensstandard dauerhaft berufen. Das widerspricht dem mit der Unterhaltsrechtsreform neu eingeführten Grundsatz der Eigenverantwortung.

Beispiel

Eine junge Krankenschwester heiratet den Chefarzt der Klinik. Er möchte, dass sie zu Hause bleibt und den Haushalt führt. Geht die Ehe schon nach kurzer Zeit in die Brüche, wird die Krankenschwester ihren Job wiederaufnehmen müssen. Sie kann sich nicht auf den (kurzen) höheren Lebensstandard berufen und darauf, dass ihr Job jetzt nicht mehr »angemessen« sei.

Etwas anderes kann gelten, wenn die Ehe erst nach 20 Jahren geschieden wird. Es ist dann die Frage zu klären, ob man von der Krankenschwester noch erwarten kann, dass sie ihren Beruf erneut ausübt. Hier muss im Einzelfall entschieden werden.

Achtung!

Der Erwerbslosenunterhalt ist identisch mit dem Unterhalt bis zur Erlangung einer angemessenen Tätigkeit. Letzterer Anspruch kann aber auch dann noch vom bedürftigen geschiedenen Ehepartner gefordert werden, wenn vorher Betreuungsunterhalt, Unterhalt wegen Krankheit oder Ausbildungsunterhalt gezahlt wurde.

Der Unterhalt für eine »nicht nachhaltig gesicherte Erwerbstätigkeit« kann gefordert werden, wenn zum Beispiel eine Erwerbstätigkeit zwar bei Rechtskraft der Scheidung vorlag, der Ehepartner seine Arbeit aber kurz danach wieder verloren hat. Wichtig ist hierbei, dass schon zum Zeitpunkt der Rechtskraft befürchtet werden musste, dass der Ehepartner seinen Job wieder verliert. Der Unterhaltsanspruch besteht allerdings nur, wenn der Unterhaltsbegehrende für die Arbeitslosigkeit nicht verantwortlich ist.

Aufstockungsunterhalt

Der Aufstockungsunterhalt hat aktuell die größte Bedeutung: Er soll zumindest für eine gewisse Zeit dem Unterhaltsbegehrenden einen der Ehe angemessenen Lebensstandard gewähren, obwohl eine angemessene Beschäftigung ausgeübt wird.

> **Achtung!**
> Der Aufstockungsunterhalt wird nur geleistet, wenn kein Unterhalt wegen Kinderbetreuung, Alter oder Krankheit gezahlt wird.

Der Aufstockungsunterhalt passt genau genommen nicht so ganz unter die Rubrik »Erwerbslosenunterhalt« – schließlich arbeitet der bedürftige geschiedene Ehepartner. Allerdings wird der Aufstockungsunterhalt nur gezahlt, wenn zwischen den Geschiedenen große Einkommensunterschiede bestehen. Lediglich dann wird der Unterhalt »aufgestockt«.

Auch der Aufstockungsunterhalt kann in Dauer und Höhe von einem Richter begrenzt werden, wie auch alle anderen Unterhaltsansprüche wegen Erwerbslosigkeit. Noch gibt es allerdings nur wenige Beispiele, wie die Gerichte die Eigenverantwortlichkeit des neuen Unterhaltsrechts hier interpretieren.

Beispiel
Ein Beispiel nach altem Recht: Die Ehe bestand länger als 20 Jahre. Dennoch wird der nacheheliche Aufstockungsunterhalt nicht unbefristet gewährt. Es ist immer zu prüfen, ob noch ehebedingte Nachteile vorliegen und ob die Ehefrau eigene Einkünfte erzielt. Nach einer Übergangszeit kann es dem Unterhaltsempfänger zugemutet werden, sich mit dem Lebensstandard zu begnügen, den der Unterhaltsempfänger aus eigenen Einkünften erreichen kann. (Bundesgerichtshof, Urteil vom 26.09.2007, Az.: XII ZR 11/05)

Ausbildungsunterhalt

Der Ausbildungsunterhalt nach Paragraph 1575 BGB greift, wenn ein Ehepartner seine Ausbildung (Schule oder Beruf) wegen der Ehe abgebrochen hat, meist bedingt durch die Geburt eines gemeinsamen Kindes oder die Wohnsitzverlagerung zum neuen Ehepartner hin. Die neu aufgenommene (und vom Ex-Partner jetzt mitfinanzierte) Ausbildung muss

- reale Chancen auf Erfolg haben,
- in Zusammenhang mit der alten Ausbildung stehen und
- das Ziel haben, in einer Erwerbstätigkeit zu münden.

Achtung!
Wird die abgebrochene Ausbildung erst lange nach der Trennung wiederaufgenommen, muss sie der andere Ehepartner nicht mehr mitfinanzieren.

Billigkeitsunterhalt

Der Billigkeitsunterhalt nach Paragraph 1576 BGB greift bei Härtefällen, wenn alle anderen Unterhaltstatbestände nicht infrage kommen, die Versagung des Unterhalts aber dennoch »grob unbillig« wäre. In der Praxis wird dieser Unterhaltsanspruch fast nur bei der Pflege schwerstkranker Angehöriger oder bei der Erziehung behinderter Kinder gewährt.

Die Höhe des nachehelichen Unterhalts

Grundlage für die Berechnung des nachehelichen Unterhalts sind die ehelichen Lebensumstände (§ 1578 BGB). Genauer gesagt: Die Lebens-, Arbeits- und Vermögensverhältnisse zum Zeitpunkt der Scheidung sind ausschlaggebend – anders als beim Trennungsunterhalt.

Daneben können noch weitere »eheprägende« finanzielle Vorteile berücksichtigt werden, die erst nach der Scheidung anfallen:

- erwartbare Gehaltserhöhungen (etwa bei Beamten),

- Wegfall von Hypothekenzinsen,
- Wegfall von Unterhaltsverpflichtungen,
- neue Arbeitseinkünfte eines Ehepartners aus Gründen der Scheidung.

Gerade der letzte Punkt könnte auf den ersten Blick als Benachteiligung desjenigen Partners erscheinen, der sich um den Haushalt gekümmert hat und erst nach der Scheidung wieder anfängt zu arbeiten. Doch genau das Gegenteil ist der Fall.

Beispiel
Er verdient 3000 Euro, sie jetzt (erstmals nach der Scheidung) 1000 Euro. Beide erhalten einen Erwerbstätigenbonus von einem Siebtel. Zieht man diesen Betrag vom bereinigten Nettoeinkommen der beiden ab, bleiben für ihn 2571,43 Euro und für sie 857,14 Euro. Die Differenz der beiden Gehälter beträgt 1714,29 Euro. Der Betrag durch zwei geteilt ergibt für sie einen nachehelichen Unterhaltsanspruch von 857,15 Euro. Rechnet man diesen zu ihrem Verdienst, stehen ihr 1857,15 Euro zur Verfügung.

Gibt der Barunterhaltspflichtige eine ungekündigte Stelle auf, um in einer anderen mehr zu verdienen, kann es ihm nicht angelastet werden, wenn er später diesen neuen Job verliert. Das früher erzielte Einkommen kann ihm nicht unterhaltswirksam (fiktiv) angerechnet werden. (Oberlandesgericht Dresden, Urteil vom 06.11.2009, Az.: 24 UF 0334/09)

Achtung!
Wer dem getrenntlebenden oder geschiedenen Ehegatten unterhaltspflichtig ist, hat nicht die Pflicht zur Einleitung der Verbraucherinsolvenz, wenn er den Unterhalt nicht leisten kann. Die verfassungsrechtlich geschützte Handlungsfreiheit des Unterhaltspflichtigen hat Vorrang vor der Ehegattenunterhaltspflicht.
(Bundesgerichtshof, Urteil vom 12.12.2007, Az.: XII ZR 23/06)

Der Unterhaltsberechtigte muss sein eigenes Vermögen zur Unterhaltsdeckung einsetzen (§ 1577 BGB). Er muss nicht das Vermögen aus dem Zugewinnausgleich verwerten, wohl aber die Zinsen daraus.

Unterhaltsverpflichtung zwischen nicht miteinander verheirateten Eltern

Während es bei gemeinsamen Kindern in Sachen Unterhalt keinerlei Unterschied macht, ob die Eltern miteinander verheiratet waren oder nicht, wird die Unterhaltsverpflichtung zwischen nicht miteinander verheirateten Eltern nach den Paragraphen 1615ff. BGB geregelt. Die für verheiratete Partner geltenden Unterhaltsbestimmungen, auch der Betreuungsunterhalt, finden hier *keine* Anwendung.

Grundsätzlich stehen – nach dem Urteil des Bundesverfassungsgerichts vom Mai 2007 zur Gleichstellung von ehelichen und nichtehelichen Kindern – auch dem nichtehelichen betreuenden und bedürftigen Elternteil Unterhaltsansprüche »für mindestens drei Jahre nach der Geburt« zu. Nach Paragraph 1615 Abs. 2 BGB kann dieser Anspruch sogar verlängert werden, »solange und soweit dies der Billigkeit entspricht« – also wortgleich den Paragraphen für Ehen.

> **Achtung!**
> Der Unterhaltsanspruch gilt für Kinder aus nichtehelichen Beziehungen, nicht für die Partner selbst. Insofern nimmt die Ehe im Unterhaltsrecht immer noch eine besondere Stellung ein.

Allgemeine Voraussetzung für den nichtehelichen Unterhalt (im Unterschied zu den ehelichen Kindern) ist

- eine rechtswirksam gerichtlich festgestellte Vaterschaft oder
- eine förmliche Anerkennung der Vaterschaft oder
- ein Nichtbestreiten der Vaterschaft.

Folgende Anspruchsarten bestehen

- Unterhalt bis drei Jahre nach der Geburt,
- Erstattung der Schwangerschafts- und Entbindungskosten,
- Anspruch bei Tot- oder Fehlgeburt (Beerdigungskosten).

Der Gesetzgeber unterscheidet einen allgemeinen und einen besonderen Unterhaltsanspruch für die nichteheliche Mutter: Der allgemeine ist für den Zeitraum von sechs Wochen vor der Geburt bis acht Wochen nach der Geburt definiert. Allerdings nur bei Bedürftigkeit, also wenn kein Anspruch auf Mutterschaftsgeld besteht.

Daneben gibt es jetzt einen besonderen Unterhaltsanspruch von höchstens vier Monaten vor der Geburt bis mindestens drei Jahre nach der Geburt. Dieser Anspruch entsteht, wenn von der Mutter aufgrund der Erziehung des Kindes oder von Krankheit keine Erwerbstätigkeit verlangt werden kann.

Ein neues Urteil wurde dazu gesprochen: Einem Unterhaltsberechtigten steht für die Betreuung eines nichtehelich geborenen Kindes ein Mindestbedarf in Höhe des Existenzminimums zu, der dem notwendigen Selbstbehalt eines nicht erwerbstätigen Unterhaltspflichtigen entspricht. (Bundesgerichtshof, Urteil vom 16.12.2009, Az.: XII ZR 50/08)

Krankenversicherung

Mit der Scheidung erlöschen die Ansprüche auf Mitversicherung in der gesetzlichen Krankenversicherung (auch abgeleitete Beihilfeansprüche bei Beamten). Es gilt eine Übergangsfrist von drei Monaten. Wer bis zur Scheidung über seinen Ehepartner in der gesetzlichen Krankenkasse familienversichert war, muss sich nach der Scheidung sofort um eine eigene Krankenversicherung kümmern. Wählt er eine gesetzliche Versicherung, kann er das Kind darüber mitversichern.

Beschränkung und Ausschluss der Unterhaltsverpflichtung

Unterhalt kann nur nach der Leistungsfähigkeit des Unterhaltsverpflichteten gezahlt werden. Dem Unterhaltspflichtigen bleibt ein Selbstbehalt von zurzeit 1 100 Euro gegenüber Volljährigen, 900 Euro gegenüber Minderjährigen und 1 000 Euro gegenüber dem Ehepartner.

Nach dem neuen Unterhaltsrecht und dem Grundsatz der Eigenverantwortlichkeit ist der nacheheliche Unterhaltsanspruch gegenüber dem Ex-Partner jetzt die Ausnahme und nicht mehr wie früher die Regel. Dafür spricht auch die neu geschaffene zeitliche Begrenzung des Unterhalts nach Paragraph 1578b.

Der Unterhalt kann auch aus Gründen grober Unbilligkeit herabgesetzt, begrenzt oder versagt werden. Folgende Fallkonstruktionen können vorliegen:

- Kurze Ehedauer (meist unter drei Jahren ohne Kinder).
- »Verfestigte Lebensgemeinschaft« des Unterhaltsberechtigten (frühestens nach zwei bis drei Jahren). Wichtig ist hierfür die gemeinsame Lebensplanung, das gemeinsame Auftreten in der Öffentlichkeit und das gemeinsame Eintreten füreinander in finanziellen Dingen, Krankheitsfällen und die Integration ins Familienleben, was alles auch vorliegen kann, ohne dass in einer gemeinsamen Wohnung gelebt wird.
- Gravierende Straftat gegenüber dem Unterhaltsverpflichteten. (Wer den Unterhaltspflichtigen etwa mit Waffengewalt verletzt, kann nicht auf Unterhalt hoffen.) Gleiches gilt auch für Prozessbetrug, also das Verheimlichen von Einkünften oder Vermögen.
- Herbeiführen der Bedürftigkeit (Vermögensverschwendung oder provozierte Kündigung).
- Verletzung der Vermögensinteressen des Unterhaltsverpflichteten durch den Unterhaltsberechtigten. (Wer also – salopp gesagt – an dem Ast sägt, auf dem er sitzt, ist selbst an seinem Absturz schuld. Häufiger Fall ist hierbei etwa das »Anschwärzen« des Ex-Partners beim Arbeitgeber mit der Folge des Arbeitsplatzverlustes des Unterhaltsverpflichteten.)
- Vernachlässigung der Unterhaltspflicht. (Verspielt beispielsweise ein Unterhaltsberechtigter den Unterhalt, anstelle davon das gemeinsame Kind großzuziehen, kann er dadurch die Unterhaltspflicht verwirken.)
- Fehlverhalten vor oder während der Trennungszeit. Ein ganz schwieriger Tatbestand, infrage kommen können intime Kontakte gegen den Willen des Nochehepartners, ständig wechselnde sexuelle Kontakte oder Ähnliches.
- Schwere andere Verfehlungen. (Hierunter werden alle nicht genannten Verfehlungen subsumiert, etwa Verweigerung des Umgangsrechts, Scheinehen.)

Rangverhältnisse/weitere Unterhaltsverpflichtungen

Eine Beschränkung der Unterhaltsverpflichtung kann auch eintreten (und das ist in der Praxis der häufigste Fall), wenn der Unterhaltspflichtige nicht alle Unterhaltsansprüche (oberhalb seines Eigenbedarfs) abdecken kann. Das ist der sogenannte Mangelfall.

Wann endet aber der nacheheliche Unterhalt? Zum einen, wenn die Berechtigungsgründe (wie Arbeitslosigkeit) nicht mehr vorliegen, zum anderen bei Tod oder bei Wiederheirat des Unterhaltsberechtigten.

> **Achtung!**
> Auch bei einer nicht verheirateten Mutter entfällt der Unterhaltsanspruch mit dem Zeitpunkt der Heirat eines anderen Mannes. (Bundesgerichtshof, Urteil vom 17.11.2004, Az.: XII ZR 183/02)

In einem neuen Urteil zum Unterhalt bei Wiederheirat wurde entschieden, dass der geschiedene Ehemann die Herabsetzung seiner Verpflichtungen aus dem Ehegattenunterhalt verlangen kann, wenn er wieder geheiratet hat und auch seiner neuen Ehefrau unterhaltspflichtig ist. (Bundesgerichtshof, Urteil vom 18.11.2009, Az.: XII ZR 173/06)

> **Achtung!**
> Beim Tod des Unterhaltspflichtigen kann die Unterhaltsverpflichtung zur Nachlassverbindlichkeit der Erben werden.

Anstelle eines monatlichen Unterhalts kann theoretisch auch eine Kapitalabfindung in Anspruch genommen werden.

> **Achtung!**
> Anders als beim Trennungsunterhalt darf auf den nachehelichen Unterhalt verzichtet werden.

Nach neuem Recht ist ein Vertrag auf Unterhaltsverzicht vor der Ehescheidung nur dann wirksam, wenn er notariell oder in einem Verfahren in Ehesachen geschlossen wurde.

Vor 2008 geschlossene Verträge dieser Art behalten allerdings ihre Gültigkeit. Nach der Scheidung getroffene Vereinbarungen bleiben ohne notarielle Beurkundung rechtswirksam, wenn der Unterhaltspflichtige nicht zum Sozialfall wird.

Beispiel

Wird ein geschiedener Ehemann durch die in einem Ehevertrag vereinbarten hohen Unterhaltszahlungen in die Sozialhilfe getrieben, ist der Vertrag sittenwidrig. Ein Ehegatte muss trotz einer Vereinbarung finanziell in der Lage sein, seine eigene Existenz zu sichern, ohne Sozialhilfe beantragen zu müssen. (Bundesgerichtshof, Urteil vom 05.11.2008, Az.: XII, ZR 157/06)

Pflicht zur Arbeitsaufnahme

Grundsätzlich muss nach neuem Recht nach der Scheidung jeder Ehepartner wieder für sich selbst sorgen, also müssen auch Ehepartner, die während der Ehe nicht gearbeitet haben, nach der Trennung wieder eine angemessene Beschäftigung aufnehmen. Unterhaltsberechtigte haben allerdings nach der Trennung ein Jahr Zeit, wieder in den Beruf einzusteigen.

Verweigert andererseits ein Unterhaltspflichtiger die Aufnahme oder die Fortführung einer Erwerbstätigkeit, kann ihm ein fiktives Gehalt unterstellt werden – er entbindet sich also dadurch nicht der Unterhaltsverpflichtung.

Wie ein neueres Urteil zeigt, können Fortbildungen unter Umständen trotzdem gestattet werden: Eine Unterhaltsberechtigte darf trotz ihrer teilschichtigen Erwerbsobliegenheit an einer Fortbildung teilnehmen, um ihre Chancen auf dem Arbeitsmarkt zu verbessern. (Oberlandesgericht Hamm, Urteil vom 23.01.2009, Az.: 13 UF 88/08)

Verwirkung

Alle Unterhaltsansprüche können nach der Ehe verwirkt werden (§ 1579 BGB). Insbesondere dann, wenn

- eine Kurzzeitehe unter zwei Jahren bestand,
- der Unterhaltsberechtigte in einer »verfestigten« nichtehelichen Lebenspartnerschaft lebt,
- der Unterhaltsberechtigte eine schwere Straftat gegen den Unterhaltspflichtigen begeht,
- der Berechtigte seine Bedürftigkeit mutwillig herbeigeführt hat,
- der Berechtigte sich über schwerwiegende Vermögensinteressen des Verpflichteten mutwillig hinweggesetzt hat,

- der Berechtigte vor der Trennung längere Zeit hindurch seine Pflicht, zum Familienunterhalt beizutragen, gröblich verletzt hat,
- dem Berechtigten ein offensichtlich schwerwiegendes, eindeutig bei ihm liegendes Fehlverhalten gegen den Verpflichteten zur Last fällt.

Beispiel

Die Unterhaltsberechtigte hat den Unterhaltspflichtigen nicht über einen erheblichen Anstieg des eigenen Einkommens informiert. (Bundesgerichtshof, Urteil vom 16.04.2008, Az.: XII ZR 107/06)

Ein »schwerwiegendes, eindeutig bei ihm liegendes Fehlverhalten gegen den Verpflichtenden« kann häufig dann vorliegen, wenn der eigentlich Unterhaltsberechtigte während der Ehe fremdgeht. Die neuere Rechtsprechung des Bundesgerichtshofes stellt klar, dass das Verlassen eines Ehegatten ein »Härtegrund« sein kann, wenn das Prinzip der Gegenseitigkeit verletzt ist. Das ist der Fall, wenn sich der Unterhaltsberechtigte einem anderen Partner zuwendet und diesem die dem Ehegatten geschuldete Hilfe und Fürsorge zuteilwerden lässt. Hier läge ein »Ausbruch aus intakter Ehe« vor und damit ein Fehlverhalten, das zur Verwirkung des Unterhaltsanspruchs führen kann. Die entscheidende Frage vor Gericht muss in diesen Fällen sein, ob die Ehe vor Aufnahme der neuen Beziehung noch intakt gewesen ist oder nicht.

Beispiel

Die Unterhaltsberechtigte erhält nach 25-jähriger Ehe keinen Trennungsunterhalt, da sie noch während der Ehe ein Verhältnis mit einem anderen Mann begonnen hat, mit dem sie seit der Trennung auch zusammenlebt. (OLG Zweibrücken, Az.: 2 UF 102/08)

Die Unterhaltsberechtigte hatte ihren Ehemann nach etwa 26-jähriger Ehe aufgrund ihrer sexuellen Umorientierung und gleichgeschlechtlichen Neigungen verlassen und war zu einer Freundin gezogen, zu der sie einige Zeit darauf auch eine intime Beziehung aufnahm. Das Verhalten der Unterhaltsberechtigten kann zur Verwirkung des Trennungsunterhalts führen, wenn die neue Beziehung schon während der Ehe bestand und die Berechtigte aus der »intakten Beziehung ausgebrochen« ist. (Bundesgerichtshof, Urteil vom 16.04.2008, Az: XII ZR 7/05).

Scheidung und Steuerrecht

Viele »Scheidungswillige« rechnen schnell und quasi nebenbei aus, was ihnen nach der Scheidung von ihrem Nettoeinkommen voraussichtlich bleibt – anhand der Tabellen und Schlagworten wie »Dreisiebtelregelung«. Dabei werden oft entscheidende Fehler gemacht, denn die steuerrechtlichen Folgen einer Scheidung arbeiten die wenigsten in ihre Überschlagsrechnung mit ein. In diesem Kapitel wird daher viel über Steuerklassen und Steuerfreibeträge zu reden sein – ein schwieriges Thema, aber wichtig, schließlich geht es um Ihr Geld.

Ehegattensplitting

Der Gesetzgeber schützt die Ehe ausdrücklich, sie ist selbst im Grundgesetz (Artikel 6) verankert. Daher ist es nachvollziehbar, dass die Ehe auch steuerrechtlich bevorzugt wird gegenüber Singles oder Lebensgemeinschaften. Der steuerrechtliche Begriff, der hier zum Tragen kommt, lautet »Ehegattensplitting«. Er bedeutet: Verdienen in einer Ehe beide Partner, wird das Familiengesamteinkommen in der Steuererklärung zusammengefasst. Die Eheleute werden gemeinsam veranlagt und damit steuerlich bessergestellt als ein Single, der ein gleich hohes Einkommen hat wie ihr Gesamtfamilieneinkommen. Warum? Bei der Splittingtabelle wird das gemeinsame Einkommen halbiert, daraus die Steuerlast errechnet und diese dann wieder verdoppelt. Wegen der Progression der Steuersätze ist dieses Vorgehen klar günstiger als eine »normale« Besteuerung des Gesamteinkommens.

In der Regel stehen Sie steuerrechtlich besonders dann gut da, wenn einer von Ihnen gar nichts oder nur wenig verdient. Durch die verschiedenen Steuerklassen können Sie Vorteile nutzen.

Sie müssen auch keine zwei Steuererklärungen abgeben, es steht beim Ehegattensplitting am Ende nur eine Steuerrückzahlung oder -nachforderung an.

Das folgende Urteil zeigt, dass unter Umständen einer Zusammenveranlagung sogar zugestimmt werden muss: Wenn ein selbstständig tätiger Ehegatte während der Zeit des Zusammenlebens wegen geltend zu machender Verluste eine geringe Steuerbelastung erwartet, die regelmäßig dem gemeinsamen Lebensstandard oder der gemeinsamen Vermögensbildung der Ehegatten zufließen, dann darf ein Ehegatte sich nicht getrennt veranlagen lassen. Vielmehr macht er sich schadenersatzpflichtig, wenn er die Zustimmung zur Zusammenveranlagung verweigert. (Bundesgerichtshof, Urteil vom 18.11.2009, Az.: XII ZR 173/06)

> **Achtung!**
> Nach vollzogener Scheidung müssen aber beide Ex-Ehepartner wieder getrennte Steuererklärungen abgeben. Ein Sonderfall ist das Trennungsjahr.

Trennungsjahr

Im Jahr der Trennung geben die mittlerweile Getrenntlebenden noch eine gemeinsame Steuererklärung ab. Dazu sind Sie aber nicht verpflichtet; Sie können sich auch »getrennt veranlagen lassen«, was allerdings nur in Ausnahmefällen zu einer steuerlichen Besserstellung führt. Jeder Partner ist bei der Steuererklärung zur Mithilfe verpflichtet und auch zur gemeinsamen Veranlagung im Trennungsjahr. Ein Ehepartner kann auf der gemeinsamen Veranlagung bestehen, wenn dem anderen dadurch keine Nachteile und ihm somit ein Vorteil entsteht. Streit gibt es häufig darüber, wem eine Erstattung zusteht beziehungsweise wer eine Nachzahlung leisten muss. Grundsätzlich werden sowohl Erstattungen wie auch Nachzahlungen im Verhältnis der Einkünfte aufgeteilt.

Achtung!

Ehepaare, die sich nach einer Trennung kurzfristig versöhnen, können sich dann für dieses »Versöhnungsjahr« wieder zusammen veranlagen lassen.

WISO rät

Hat einer von Ihnen durch hohe Aufwendungen (zum Beispiel Fahrtkosten) mehr als die Hälfte zur Steuererstattung »beigetragen«, sollten Sie sich von einem Steuerberater oder einem Steuerprogramm ausrechnen lassen, wie hoch die Steuerbelastung ohne die Abschreibungsmöglichkeit wäre. Hier wäre eine Halbe-halbe-Regelung unfair.

Steuerklasse und Unterhalt

In Deutschland wird der zu zahlende Unterhalt vom Nettoeinkommen des Barunterhaltspflichtigen abhängig gemacht. Da dieses von der Steuerklasse abhängt, ist es entscheidend, in welcher Steuerklasse sich der Unterhaltspflichtige befindet.

Jeder Unterhaltspflichtige muss alle steuerlichen Vorteile wahrnehmen, die sein Nettoeinkommen und damit auch seine Unterhaltsverpflichtung erhöhen. Steuerfreibeträge, die ihm zustehen, muss er in die Steuerkarte eintragen lassen. Auch bei einer erneuten Heirat darf der Pflichtige maximal die Steuerklasse IV wählen; die Steuerklasse V, die sein Nettoeinkommen stark reduzieren würde, ist nicht erlaubt. Gibt er trotzdem die Steuerklasse V an, wird das Finanzamt fiktiv nach der Steuerklasse IV die Steuern ermitteln.

Achtung!

Etwas anderes gilt, wenn der Unterhaltspflichtige wieder heiratet und bislang (nach der Scheidung) die Steuerklasse I hatte. Nimmt er nach der erneuten Heirat die für ihn bessere Steuerklasse III an, bleibt es bei der Unterhaltsberechnung für den Ex-Partner bei der schlechteren Steuerklasse I. Das heißt, die Höhe des Unterhalts richtet sich nach dem Nettoeinkommen aus der Steuerklasse I, sein Ex-Partner »verdient« also nicht an den steuerlichen Vorteilen der neuen Ehe. (Das gilt allerdings nur für den Ehegattenunterhalt, nicht für den Kindesunterhalt.)

Mietfreies Wohnen als Unterhaltsleistung

Relativ häufig kommt vor, dass ein Ehepaar gemeinsam Wohneigentum besitzt. Im Grundbuch ist eingetragen, dass die Immobilie beiden Ehepartnern je zur Hälfte gehört. Nach der Trennung zieht der Ehemann aus, die Ehefrau bleibt mit den Kindern wohnen. Welches sind die steuerrechtlichen Folgen? Überlässt ein Ehepartner seinen Miteigentumsanteil dem Unterhaltsberechtigten mietfrei, kann er den Mietwert – im vorliegenden Fall also die Hälfte der ortsüblichen Miete – entweder als Sonderausgabe (§ 10 Abs. 1 Einkommenssteuergesetz/EStG) oder als außergewöhnliche Belastung (§ 33a Abs. 1 EStG) absetzen. Das gilt auch für die (anteiligen) verbrauchsunabhängigen Nebenkosten. Streitigkeiten hierüber entscheiden die Finanzgerichte.

Werden Eigentumsanteile – beispielsweise an Firmen oder vermieteten Immobilien – im Rahmen des Zugewinnausgleichs übertragen oder verkauft/verschenkt, kann auch das steuerrechtliche Folgen haben. Geschieht es nämlich innerhalb der Spekulationsfrist von zehn Jahren nach Anschaffung, kann die Eigentumsübertragung steuerpflichtig werden.

Achtung!
Ausgenommen von der Steuerpflicht sind allerdings Immobilien, die im Jahr der Veräußerung und in den beiden vorangegangenen Jahren zu eigenen Wohnzwecken genutzt wurden.

Scheidungskosten in der Steuererklärung

Anwalts- und Gerichtskosten eines Scheidungsverfahrens können als außergewöhnliche Belastung steuerlich geltend gemacht werden (§ 33 EstG). Dazu zählen aber nur die Kosten des eigentlichen Scheidungsverfahrens und des Versorgungsausgleichs. Alle anderen Kosten können nicht abgesetzt werden. Noch nicht letztinstanzlich entschieden ist die Frage, ob angefallene Rechtsanwaltshonorare nur bis zur Obergrenze der Vergütungsordnungen für diesen Berufsstand abgesetzt werden können oder auch Honorare, die darüber hinausgehen.

Achtung!
Absetzbar sind in diesem Zusammenhang auch die Schuldzinsen für einen Kredit, wenn dieser ausschließlich zur Finanzierung des Scheidungsprozesses aufgenommen wurde.

Alle anderen Kosten, die eng mit der Scheidung zusammenhängen, können nicht als außergewöhnliche Belastungen steuerlich geltend gemacht werden. So sind folgende Kosten nicht steuerlich absetzbar:

- eines Unterhaltsverfahrens,
- einer Klage auf Zugewinnausgleich,
- eines Verfahrens auf Hausratsteilung,
- eines Prozesses zur Regelung der elterlichen Sorge oder
- eines Prozesses zur Regelung des Umgangsrechts für die Kinder.

Auch Kosten für die Auseinandersetzung des Vermögens anlässlich einer Scheidung können nicht als außergewöhnliche Belastung die Steuern mindern. Dementsprechend lehnte es der Bundesfinanzhof ab, die auf einen gerichtlichen Teilvergleich im Rahmen des Scheidungsverfahrens entfallenden Kosten einer Vermögensauseinandersetzung steuermindernd zu berücksichtigen. (Bundesfinanzhof vom 30.06.2005, Az.: III R 27/04)

Die Kosten einer außergerichtlichen Einigung (etwa die Kosten einer »Scheidungsvereinbarung«) bei einem Rechtsanwalt fallen ebenfalls nicht unter »außergewöhnliche Belastungen«. Sie sind steuerlich nicht abzugsfähig, weil sie nicht »zwangsläufig« entstehen.

Kosten des Umgangsrechts in der Steuererklärung

Nicht immer wohnt der Ex-Partner mit den gemeinsamen Kindern gleich um die Ecke. Viele Elternteile nehmen weite Wege auf sich, um die Kinder am Wochenende oder – bei einem Auslandsaufenthalt – wenigstens in den großen Ferien sehen zu können.

Die Reisekosten konnten sie bis heute nicht als »außergewöhnliche Belastung« steuerlich geltend machen. Bisher gingen die Gerichte immer davon aus, dass etwa Fahrt- oder Übernachtungskosten, die entstehen, wenn getrennt lebende oder geschiedene Elternteile ihre beim Ex-Partner wohnenden gemeinsamen Kinder sehen wollen, keine außergewöhnliche Belastung darstellen. Die Kosten wären mit dem halben Kindergeld beziehungsweise dem halben Kinderfreibetrag abgegolten. Doch hier scheint sich die Rechtsmeinung zu ändern. Der Bundesfinanzhof hat vor einiger Zeit in einer anderen Entscheidung »laut überlegt«, ob solche Kosten nicht doch berücksichtigt werden könnten. Denn § 1684 Abs. 1 BGB begründet seit 1998 ausdrücklich eine Pflicht zum Umgang mit dem Kind. Wenn es nun Pflicht ist, so könnte man interpretieren, muss es auch steuerlich geltend zu machen sein. Es sieht also nicht schlecht aus für den reisenden »Wochenend-Papa«.

WISO rät

Sammeln Sie alle Belege wie Fahrkarten von Bahn und Bus, Tankquittungen, Parkgebühren, Hotelrechnungen etc. Geben Sie diese Kosten in der Steuererklärung unter der Rubrik »außergewöhnliche Belastungen« an. Das Finanzamt wird eventuell auf eine höchstrichterliche Entscheidung zu dem Thema »Absetzen von Reisekosten« warten. Sollten diese Kosten aber vorher abgelehnt werden, müssen Sie Einspruch gegen den Steuerbescheid einlegen. Nur so kann das Finanzamt später noch eine bis dahin vielleicht falsche Entscheidung aufheben (Quelle: Bundesfinanzhof, Az: III R 41/04 und III R 28/05).

Unterhaltszahlungen in der Steuererklärung

Wollen Sie Ihre Unterhaltszahlungen absetzen, hängen die Möglichkeiten der Absetzbarkeit davon ab, ob es sich um den Ehegatten- oder den Kindesunterhalt handelt.

Trennungsunterhalt

Für die steuerliche Geltendmachung der Unterhaltszahlungen ist es unerheblich, ob es sich um den Trennungs- oder den nachehelichen Unterhalt handelt. Der einzige Unterschied zwischen dem Trennungsjahr und den Folgejahren besteht darin, dass die Nochverheirateten sich im ersten Jahr nach der Trennung ein letztes Mal gemeinsam veranlagen lassen können. Sie können den Splitting-Vorteil nutzen, was danach nicht mehr möglich ist.

Ein Versöhnungsversuch von mindestens vier Wochen (sehr unterschiedliche Rechtsprechung) hebt das Getrenntleben im steuerlichen Sinne auf. Das heißt, die getrennt Lebenden können durch ein Zusammenleben in einer gemeinsamen Wohnung von mehr als vier Wochen ein weiteres Kalenderjahr den günstigeren Splittingtarif wählen. Gleichzeitig bleiben sie im scheidungsrechtlichen Sinne getrennt, wenn sie zwar vier Wochen wieder zusammenleben, sich aber nach fünf Wochen wieder trennen. Der Versöhnungsversuch scheitert, dennoch können sie den Steuervorteil erneut nutzen.

Achtung!

Aus einkommenssteuerlicher Sicht kann ein gescheiterter Versöhnungsversuch das dauernde Getrenntleben unterbrechen. (Bundesfinanzhof vom 26.08.1997, Az.: VI R 268/94)

Ehegattenunterhalt

Nach der Scheidung müssen beide Ex-Partner getrennt veranlagt werden, das heißt auch zwei Steuererklärungen abgeben und in der Steuerkarte die neue Steuerklasse eintragen lassen.

WISO rät

Sie müssen nach der Scheidung unbedingt Ihre Steuerklasse auf Ihrer Steuerkarte ändern lassen. Ein Unterlassen dieser Pflicht kann eine Anzeige wegen Steuerhinterziehung nach sich ziehen: Sie machen sich die Vorteile des Ehegattensplittings zunutze, obwohl es Ihnen nicht mehr zusteht.

Allerdings gibt es auch für Geschiedene noch zwei Möglichkeiten, zumindest etwas steuerlich zu sparen. Wer Unterhalt an den getrennt lebenden oder an den geschiedenen Ehegatten zahlt, kann das steuermindernd geltend machen. Der Unterhaltszahlende hat die Möglichkeit, die Zahlungen pro Unterhaltsjahr abzusetzen als

- Sonderausgabe bis maximal 13 805 Euro oder als
- außergewöhnliche Belastungen bis maximal 7 680 Euro.

Realsplitting

Unter Realsplitting (gemäß § 10 Abs. 1 Nr. 1 EstG) versteht der Gesetzgeber die Regelung, dass der Unterhaltspflichtige die Unterhaltsleistungen bis zu einer Höhe von zurzeit 13 805 Euro als Sonderausgaben von der Steuer absetzen kann. Sein Einkommen reduziert sich um die Unterhaltszahlungen, und dadurch muss er weniger Steuern zahlen. Diesen Vorteil muss der Unterhaltsberechtigte aber ausgleichen: Er muss die Unterhaltszahlungen des Pflichtigen versteuern. Durch die Progression wird die Steuer für den Berechtigten aber nicht so hoch ausfallen wie beim Besserverdiener. Die Nachteile, die dem Unterhaltsberechtigten durch die Versteuerung entstehen, muss der Pflichtige am Ende finanziell ausgleichen. Er wird sich dennoch wesentlich besserstellen, als wenn er den Unterhalt in sein Einkommen einrechnet und dann versteuert.

Finanzielle Nachteile für den Berechtigten können sein:

- ein niedrigerer Unterhalt,
- eventuell höhere Krankenversicherungsbeiträge,
- Verlust staatlicher Fördergelder (Wohnungsberechtigungsschein, Sparzulage etc.),
- Verlust des Rechts auf die Freistellungsbescheinigung des Finanzamts für Geringverdiener nach § 39a Abs. 6 EStG,
- eine niedrigere Rente.

Der Unterhaltsberechtigte kann sich gegen das steuerliche Realsplitting nicht wehren. Der Unterhaltspflichtige kann ihn sogar per Klage zwingen, die sogenannte Anlage U in der Steuererklärung zu unterschreiben. Eine Klage vor den deutschen Steuergerichten dauert allerdings meist sehr lange – der Steuerbescheid ist bis dahin also schon ergangen.

Beispiel

Der Unterhaltspflichtige hat ein zu versteuerndes Einkommen von 50 000 Euro. Nach der Steuertabelle zahlt er hierfür 13 096 Euro Steuern. Der Unterhaltspflichtige kann jetzt Zahlungen an den geschiedenen Partner von jährlich 10 000 Euro geltend machen, also bleibt ihm ein zu versteuerndes Einkommen (statt 50 000 Euro) von jetzt nur noch 40 000 Euro. Hierfür muss er 9 223 Euro Steuern zahlen. Er spart also 3 873 Euro.

Auch seine Ex-Partnerin arbeitet und verdient damit ein zu versteuerndes Einkommen von 15 000 Euro. Hierfür zahlt sie genau 1 542 Euro Steuern. Mit den Unterhaltszahlungen von 10 000 Euro kommt sie auf zu versteuernde Einnahmen von 25 000 Euro. Hierfür muss sie insgesamt 1 933 Euro Steuern zahlen. Ihr Einkommensnachteil beträgt also 391 Euro, sie hat aber ein Anrecht darauf, dass ihr dieser Steuernachteil von ihrem Ex-Partner ausgezahlt wird. Ihm bleibt eine Steuerersparnis von 3 482 Euro.

Unter dem Strich können durch das Realsplitting also 3 482 Euro Steuern gespart werden (Quelle: berechnet nach der Einkommenssteuertabelle 2009, Bundeszentralamt für Steuern).

Außergewöhnliche Belastung

Der Unterhaltspflichtige kann bei der Steuererklärung die Unterhaltszahlungen auch als außergewöhnliche Belastungen absetzen. Die Höchstgrenze liegt hier bei maximal 7 680 Euro. Verdient aber der Unterhaltsberechtigte oder hat er andere Einkünfte, müssen diese von den außergewöhnlichen Belastungen abgezogen werden.

Beispiel

Verdient der Unterhaltsempfänger etwa 5 000 Euro im Jahr (oder erhält er Sozialhilfe oder andere Leistungen in dieser Höhe), können nur noch 2 680 Euro (7 680 Euro minus 5 000 Euro) angesetzt werden.

Die steuerliche Geltendmachung als außergewöhnliche Belastung rechnet sich also nur, wenn der Unterhaltsempfänger keine oder so gut wie keine eigenen zu versteuernden Einnahmen hat.

> **Achtung!**
> Der Vorteil des Abzugs als außergewöhnliche Belastung kann immer darin liegen, dass der andere Ehegatte der Steuererklärung nicht zustimmen muss. Schließlich erwächst ihm kein Nachteil daraus, er muss die Unterhaltszahlungen – anders als beim Realsplitting – nicht versteuern. Verweigert also der Unterhaltsberechtigte die Zustimmung zum Realsplitting und wollen Sie einen gerichtlichen Prozess vermeiden, können Sie die Zahlungen zumindest so steuerlich geltend machen.

Kindesunterhalt

Nicht jeder Kindesunterhalt ist – wie der Unterhalt an den geschiedenen Ehepartner – als außergewöhnliche Belastung absetzbar. Voraussetzung hierfür ist, dass kein Elternteil mehr für das Kind Kindergeld beziehungsweise einen Kinderfreibetrag erhält.

Um den Kindesunterhalt also als außergewöhnliche Belastung in der Einkommenssteuererklärung angeben zu können, ist Voraussetzung,

- dass das Kind überhaupt unterhaltsberechtigt ist,
- dass das Kind volljährig ist oder aus einem anderen Grund kein Elternteil Kindergeld oder Kinderfreibeträge erhält,
- dass das Kind kein eigenes Vermögen hat.

Dreht man diese Ausschlussgründe ins Positive um, ergibt sich daraus, dass Kindesunterhalt nur in Ausnahmefällen absetzbar ist, nämlich für

- im Ausland lebende Kinder und
- Wehr- und Zivildienst leistende Kinder.

Nur wenn einer der Ausnahmefälle vorliegt, kann der Unterhaltspflichtige den Höchstbetrag von 7 680 Euro pro Kalenderjahr als außergewöhnliche Belastungen angeben.

Sollte die unterhaltene Person jedoch eigene Einkünfte oder Bezüge haben, so können diese (wie bei den außergewöhnlichen Belastungen des Ehegattenunterhalts) den Höchstbetrag von 7 680 Euro mindern. Das aber nur, soweit die Einkünfte oder Bezüge höher als 624 Euro im Kalenderjahr sind.

Achtung!
Staatliche Leistungen, die nicht zurückgezahlt werden, wie manche BAföG-Gelder oder die Berufsausbildungsbeihilfe, reduzieren den Höchstbetrag vom ersten Euro an, also ohne Anrechnung des Freibetrags von 624 Euro.

Noch etwas zum Schluss: Die Düsseldorfer Tabelle zur Berechnung des Kindesunterhalts fordert als Berechnungsgrundlage immer das aktuelle Nettoeinkommen. Steigt dieses durch eine Steuerklassenänderung (etwa in Folge einer Wiederheirat des Steuerklassenwechsels von I zu III), wird auch ein höherer Kindesunterhalt fällig. Sie müssen unbedingt den Steuerklassenwechsel beim Finanzamt anzeigen, ansonsten machen Sie sich strafbar. Ihre Steuerkarte muss geändert werden.

Sorgerecht – Umgangsrecht

Wenn nicht (nur) ums Geld, so streiten sich die Deutschen während und nach einer Scheidung gerne um die Kinder – obwohl jeder behauptet, er wolle gerade das zum Wohle des Nachwuchses vermeiden. Die Vielzahl der Prozesse spricht aber für sich. Immer wieder geht es um die Fragen: Wie häufig darf ich mein Kind sehen? Darf man mir wichtige Entscheidungen vorenthalten? Wie darf mein neuer Partner mit meinem Kind umgehen? Und irgendwann geht es dann doch wieder ums Geld: Wer bezahlt beispielsweise die Kosten des »Papa-Wochenendes«?

Sorgerecht

Das Sorgerecht beinhaltet im Prinzip die Entscheidungsbefugnis eines oder beider Elternteile in Bezug auf das Kind: von der morgendlichen Kleiderwahl über die Entscheidung, wann was im Fernsehen geschaut werden darf, bis hin zu gewichtigen Fragestellungen wie der Schulwahl, etwa Gymnasium oder Realschule. Gegenstand ist also die Erziehung eines Kindes, die täglich kleine und große Entscheidungen der Erziehungsberechtigten erfordert. Juristisch unterscheidet man dabei die Sorge für die Person des Kindes (Personensorge) von der Sorge um das Vermögen des Kindes (Vermögenssorge).

Übrigens: Leibliche Mutter ist die Frau, die das Kind ausgetragen und geboren hat, nicht die Spenderin der Eizelle (was in Deutschland ohnehin verboten ist). Vater ist,

- wer die Vaterschaft anerkennt oder
- dessen Vaterschaft gerichtlich festgestellt wird.

Im Gegensatz dazu wird beim Umgangsrecht geklärt, wer wann das Kind sehen und erziehen darf. Hier dreht es sich nicht primär um die Inhalte der Kindererziehung, sondern um die zeitliche Ausgestaltung. Ein häufiges Stichwort hierzu ist das berühmte »Papa-Wochenende«, also der Aufenthalt der Kinder beim Vater, wenn sie ansonsten überwiegend bei der Mutter leben.

Wir wollen uns zunächst dem Sorgerecht widmen, von dem es zwei Arten gibt, das gemeinsame und das alleinige Sorgerecht.

Gemeinsames Sorgerecht

Das Sorgerecht ist im Bürgerlichen Gesetzbuch geregelt (§ 1626 BGB). Die verheirateten Eltern haben das Recht, aber auch die Pflicht, für das minderjährige Kind zu sorgen. Diese elterliche Sorge umfasst die Sorge für die Person des Kindes (Personensorge) und für das Vermögen des Kindes (Vermögenssorge). Zum Wohl des Kindes gehört in der Regel der Umgang mit beiden Elternteilen. Gleiches gilt für den Umgang mit anderen Personen, zu denen das Kind Bindungen besitzt, wenn ihre Aufrechterhaltung für seine Entwicklung förderlich ist.

Die Eltern übernehmen die gesetzliche Vertretung nach außen. Sie dürfen auch bestimmen, mit wem sich das Kind umgibt, und müssen es – abhängig vom Alter – beaufsichtigen. Den Eltern kommen also Rechte und Pflichten zu, die sich aus dem Sorgerecht ergeben. Hierbei geht es ausschließlich um das Wohl des Kindes, das Selbstständigkeit und Selbstverantwortung lernen soll.

Solange die Eltern verheiratet sind und zusammenleben, ist es ganz einfach: Man sorgt sich »gemeinsam« um das Wohl des Kindes. Ist das Elternpaar dagegen unverheiratet, sieht es mit dem Sorgerecht schon anders aus. Hier entscheidet eine Sorgerechtserklärung, ob der Vater mitbestimmen kann.

Gemeinsames Sorgerecht bei unverheirateten Paaren

Sind die Eltern nicht verheiratet, haben sie nur dann die gemeinsame Sorge, wenn sie eine sogenannte Sorgerechtserklärung abgeben. Ansonsten kommt der Mutter die Alleinsorge zu (§ 1626a BGB).

Achtung!
Der nichteheliche Vater kann das gemeinsame Sorgerecht nicht einklagen. Er hat keinen Anspruch auf ein »Mit«-Sorgerecht, wenn die Mutter das gemeinsame Sorgerecht verweigert.

Eine Ausnahmeregelung von der Sorgerechtserklärung besteht nur für Altfälle, also für Trennungen vor der Kindschaftsrechtsreform im Juli 1998. Bis zu diesem Zeitpunkt war eine Beurkundung der Sorgeerklärung nicht vorgeschrieben. Die Rechtsauffassung war dahingehend, dass nichteheliche Kinder aus einem Seitensprung stammen, was zur Folge habe, dass die Väter sich nicht um die Erziehung dieser Kinder sorgen müssen.

Die Vielzahl an Prozessen um das Sorgerecht nichtehelicher Lebenspartner zeigt aber zunehmend, dass hier der gesellschaftlichen Entwicklung offensichtlich nicht genug Rechnung getragen wurde. Das kulminiert insbesondere darin, dass der Vater zwar ohne Zustimmung der Mutter kein Sorgerecht erreichen kann, dass er aber andererseits unterhaltsrechtlich voll für das Kind einstehen muss.

Auch wenn ein Vater das gemeinsame Sorgerecht gegen den Willen der Mutter bis heute nicht durchsetzen kann, wird ihm aber in der Regel zumindest ein Umgangsrecht eingeräumt, wenn er dieses fordert. Der Bundesgerichtshof hat entschieden, dass ein nichtehelicher Vater darauf auch nicht generell verzichten muss, nur weil ihm in der letzten Zeit der Umgang mit dem Kind entzogen wurde. Ausreichend sei vielmehr, dass er für das Kind in der Vergangenheit tatsächlich Verantwortung getragen habe, dass er damit eine sozial-familiäre Beziehung zu dem Kind begründet habe und deshalb für das Kind – jedenfalls in der Vergangenheit – eine enge Bezugsperson gewesen sei. (Bundesgerichtshof vom 09.02.2005, Az.: XII ZB 40/02)

Mit dem Urteil wurde klargestellt, dass Vätern auch gegen den Willen des betreuenden Elternteils, meist der Mutter, grundsätzlich ein Umgangsrecht zusteht.

Gemeinsames Sorgerecht bei Getrenntlebenden

Nach der heutigen Rechtslage ändert weder eine Trennung noch eine Scheidung etwas am gemeinsamen Sorgerecht für die gemeinsamen Kinder. Die beiden leiblichen Elternteile behalten in der Trennungszeit wie auch nach der Scheidung grundsätzlich das gemeinsame Sorgerecht, wenn während der Trennungsphase oder im Scheidungsverfahren nicht ausdrücklich etwas anderes festgelegt wird.

Früher endete das gemeinsame Sorgerecht übrigens mit dem Scheidungsbeschluss: Noch bis vor wenigen Jahren musste im Rahmen der Scheidung das Sorgerecht auf einen der beiden Elternteile übertragen werden. Das ist heute nicht mehr der Fall.

Der Gesetzgeber hat also ausdrücklich gewollt, dass auch nach der Scheidung beide Elternteile das gemeinsame Sorgerecht für ihre Kinder behalten, auch wenn es im praktischen Leben in der Regel sehr stark eingeschränkt ist.

Beispiel

Ein Ehepartner zieht aus, sucht sich mit seiner neuen Lebensgefährtin eine Wohnung. Die leiblichen Kinder kommen nur alle zwei Wochen am Wochenende zu Besuch. Die elterliche Sorge ist hier stark eingeschränkt. Denn der Elternteil kann seine Kinder in der kurzen Zeit (48 Stunden alle zwei Wochen) weder erziehen noch pflegen oder sie im Alltag nach außen vertreten. Auch die Möglichkeit der Aufsicht ist stark eingeschränkt.

Daher hat der Gesetzgeber bestimmt, dass der Elternteil, bei dem das Kind überwiegend lebt, in allen »alltäglichen Entscheidungen« seine eigenen Maßstäbe setzen kann, ohne den anderen Elternteil zuvor zu fragen (§ 1687 Abs. 1 S. 3 BGB). Nur bei bedeutenden Entscheidungen wie einem Schulwechsel müssen beide Elternteile zustimmen.

Alltagsangelegenheiten Der Elternteil, bei dem sich das Kind mit Einwilligung des anderen Elternteils oder aufgrund einer gerichtlichen Entscheidung gewöhnlich aufhält, hat die Befugnis zur alleinigen Entscheidung in Angelegenheiten des täglichen Lebens, die keine schwer abzuändernden Auswirkungen auf die Entwicklung des Kindes mit sich bringen. Zu den alltäglichen Fragen gehören beispielsweise: Wann geht das Kind ins Bett, welche Filme darf es im Fernsehen oder im Kino sehen, darf es sich ein neues Computerspiel kaufen, wann werden die Hausaufgaben gemacht? Tagtäglich müssen viele Entscheidungen für die Betreuung und Erziehung eines Kindes getroffen werden. Das kann nur der Elternteil leisten, bei dem das Kind lebt. Der getrennt lebende Elternteil bleibt hier notwendigerweise außen vor.

Beispiel

Das Kind hat eine Mittelohrentzündung. Der Partner kann ohne den anderen Elternteil zu fragen das Kind bei einem Hals-Nasen-Ohren-Arzt behandeln lassen.

In den Alltagsangelegenheiten kann der betreuende Elternteil das gemeinsame Kind auch gesetzlich nach außen vertreten. Er kann für das Kind Schulmaterial kaufen oder Kleidung.

Etwas anderes gilt für die bedeutenden Angelegenheiten eines Kindes. Hier müssen beide Elternteile zustimmen (§ 1678 Abs. 1 BGB).

Bedeutende Angelegenheiten Leben Eltern, denen die elterliche Sorge gemeinsam zusteht, nicht nur vorübergehend getrennt, so ist bei Entscheidungen in Angelegenheiten, deren Regelung für das Kind von erheblicher Bedeutung ist, ihr gegenseitiges Einvernehmen erforderlich. Es muss sich um grundlegende Angelegenheiten handeln, die die Entwicklung des Kindes prägen, beispielsweise die grundsätzlichen Fragen der Schule und Ausbildung oder der kulturellen und sportlichen Orientierung. Auch über die sozialen Kontakte dürfen grundsätzlich beide Elternteile mit entscheiden. Wie diese sich aber im Alltag auswirken, darauf hat nur der betreuende Elternteil Einfluss. Soll das Kind zum Beispiel einen bestimmten Freundeskreis meiden, weil er ihm nicht guttut, kann das auch der nicht betreuende Elternteil anregen, der betreuende Elternteil muss aber die Umsetzung im Alltag vornehmen.

Wann sind Angelegenheiten erheblich? Wann muss der erziehende Elternteil den anderen fragen? Eine »Zustimmungspflicht« besteht beispielsweise bei:

- Schulwahl,
- Ausbildungswahl,
- Verwaltung des Vermögens des Kindes,
- medizinischen Eingriffen größerer Art, die aufschiebbar sind (also keine Notfälle),
- Wohnsitz des Kindes.

Beispiel

Das Kind soll sich einer Beckenoperation unterziehen, da es unter einer Fehlstellung der Beine leidet. Es müssen beide Elternteile zustimmen.

Das Kind will einen Motorradführerschein machen, regelmäßig Fallschirmspringen oder vom Gymnasium auf die Ganztagsschule wechseln. Auch hier sind beide Eltern gefragt.

Können sich die Eltern bei wichtigen Entscheidungen wie der Schulwahl nicht einigen, müssen sie zur Not das Familiengericht anrufen. Der Richter wird die Entscheidungsbefugnis »im Einzelfall oder in einer bestimmten Art von Angelegenheiten«, wie es im Gesetz heißt, auf einen von beiden übertragen. Die Übertragung kann mit Beschränkungen oder mit Auflagen verbunden werden (§ 1628 BGB).

Bei Gefahr im Verzug dürfen immer beide Elternteile alleine handeln, wenn es für das Wohl des Kindes erforderlich ist. Der andere Partner muss aber unverzüglich von der notwendigen Maßnahme benachrichtigt werden.

Beispiel

Sie fahren mit dem Kind Fahrrad. Das Kind stürzt und verletzt sich schwer am Knie. Sie bringen es sofort ins Krankenhaus und lassen es dort in der Ambulanz behandeln. Gleich danach rufen Sie den anderen Elternteil an und informieren ihn über den Vorfall.

Achtung!

Nach dem Tod des einen Elternteils geht bei ehelichen Kindern das gemeinsame Sorgerecht automatisch auf den anderen Elternteil über.

Aufenthaltsrecht Problematisch wird es, wenn sich die Eltern nicht einigen können, bei wem das Kind wohnen soll, wo sein Lebensmittelpunkt ist. Dann geht der Streit um das Kind oft richtig los.

Beispiel

Sie sind aus dem gemeinsamen Haus ausgezogen, haben eine große Wohnung angemietet. Sie sind freiberuflich tätig und zeitlich recht flexibel. Ihr Partner arbeitet halbtags und will sich ebenfalls um die Kinder kümmern. Beide Kinder – 12 und 14 Jahre alt – gehen auf die weiterführende Schule.

Finden die Eltern keine Lösung für die Kindererziehung, müssen sie das Gericht entscheiden lassen (§ 1628 BGB). Der Richter wird das Bestimmungsrecht einem von beiden allein übertragen, der dann entscheiden kann, bei wem die Kinder leben sollen.

Stiefeltern

Nach der Trennung gehen viele Ehepartner eine neue Beziehung ein. Leben die Kinder mit im Haus, stellt sich die Frage, inwieweit der neue Lebenspartner, der Stiefelternteil, ein Mitbestimmungsrecht bei der Kindererziehung hat.

Wenn ein gemeinsames Sorgerecht der leiblichen Eltern besteht, darf sich der Stiefelternteil gar nicht einmischen, auch nicht bei den Alltagsangelegenheiten. Der Stiefelternteil kann nicht mitbestimmen, wann das Kind ins Bett geht oder wann es die Hausaufgaben machen muss. Selbst dann nicht, wenn er sich ums Kind kümmert, der leibliche Elternteil arbeiten geht. Um hier Probleme zu vermeiden, sollte der betreuende Elternteil seinem neuen Lebenspartner eine Vollmacht ausstellen, das heißt ihn schriftlich dazu ermächtigen, sich ebenfalls um die alltäglichen Angelegenheiten kümmern zu dürfen. Diese Ermächtigung kann der Ausstellende jederzeit frei widerrufen.

Achtung!

Diese Ermächtigung geht aber nur so weit, wie der Elternteil auch allein entscheidungsbefugt ist. Der Elternteil kann ihm also nur für die Alltagsangelegenheiten eine Vollmacht schreiben. Der neue Lebenspartner sollte diese mit sich führen.

Beispiel

Der neue Lebenspartner will sein 6-jähriges Stiefkind von der Schule abholen, oder er will mit ihm zum Arzt gehen, weil das Kind Husten hat. Nur mit einer schriftlichen Ermächtigung des leiblichen betreuenden Elternteils ist er dazu berechtigt.

Das alleinige Sorgerecht

Das alleinige Sorgerecht für einen der beiden Elternteile muss beim Familiengericht beantragt und von diesem auch ausdrücklich zugesprochen werden. Innerhalb eines Scheidungsverfahrens geschieht die Übertragung nicht automatisch und ist von diesem völlig unabhängig. Das Gericht kann das alleinige Sorgerecht auch noch lange nach der Scheidung aussprechen.

Die Übertragung der alleinigen Sorge muss schwerwiegende Gründe haben. Eine Meinungsverschiedenheit der Ehepartner oder eine einmalige Pflichtverletzung eines Elternteils reicht hierfür nicht aus. Denn grundsätzlich strebt der Gesetzgeber die gemeinsame Sorge auch nach der Trennung an, da immer das – recht schwierig zu definierende – Kindeswohl im Vordergrund steht.

Achtung!
Stimmen beide Elternteile, was eher selten vorkommt, einem alleinigen Sorgerecht zu, wird das Gericht dem Folge leisten, allein, weil es die gemeinsame Entscheidung beider Elternteile ist. Allerdings können Kinder ab 14 Jahren dem Antrag eines oder beider Elternteile auf alleiniges Sorgerecht widersprechen.

In der Praxis wird am häufigsten ein alleiniges Sorgerecht eingeräumt, wenn die leiblichen Eltern überhaupt nicht mehr miteinander kommunizieren, nicht einmal mehr zum Wohl des Kindes. Weigern sich die Eltern grundsätzlich, miteinander zu reden, können bedeutende Angelegenheiten, wie zum Beispiel die Schulwahl des Kindes, nicht mehr »gemeinsam« entschieden werden. Da aber der Gesetzgeber genau dies bei einem gemeinsamen Sorgerecht verlangt, muss das Sorgerecht einem Elternteil übertragen werden, damit auch weiterhin wichtige Entscheidungen für das Kind getroffen werden können.

Der zweithäufigste Fall für ein alleiniges Sorgerecht liegt dann vor, wenn ein Elternteil sich über längere Zeit hinweg überhaupt nicht um die Belange des Kindes kümmern will, keine Anteilnahme zeigt und das Umgangsrecht nicht ausübt.

Bei der Entscheidung über den Antrag auf alleiniges Sorgerecht stellt sich dem Gericht die Frage, welchem der beiden Elternteile man dieses zuspricht, der Mutter oder dem Vater?

Entscheidende Aspekte für das Gericht sind hierbei:

- Wo wird das Kind (zum Wohle des Kindes) besser erzogen?
- Wo wird das Kind besser gefördert (Förderprinzip)?
- Wo wird das Kind besser betreut?
- Wo sind die Gleichmäßigkeit, Stabilität und Konzeption der Erziehung besser gewährleistet (Kontinuitätsprinzip)?
- Bei wem will das Kind lieber leben?
- Wo leben die Geschwister, wo nahe Verwandte wie zum Beispiel die Großeltern (Nestprinzip)?
- Wird das Kind bei einem Elternteil geschlagen (Kinder haben das Recht auf eine gewaltfreie Erziehung, § 1631 BGB)?
- Wo ist das Umfeld besser für eine Erziehung?

Beispiel
Ein Handelsvertreter mit vielen Auslandseinsätzen wird es schwerer haben, das alleinige Sorgerecht vom Familiengericht zugesprochen zu bekommen, als sein Partner, der an einem festen Wohnsitz lebt und geregelte Arbeitszeiten hat. Der Wunsch des Kindes ist dabei zweitrangig.

Die Gerichte werden in den seltensten Fällen das Kind aus seiner gewohnten Umgebung (Geschwister, Freunde, Nachbarn) nehmen, insbesondere dann nicht, wenn es keine schulischen oder sozialen Auffälligkeiten zeigt. Daran ändert auch ein neuer Partner nichts, der in das Leben des Kindes zwangsläufig mit eintritt, wenn der Elternteil, bei dem das Kind lebt, eine neue Beziehung eingeht.

Stiefeltern

Besitzt der betreuende Elternteil das alleinige Sorgerecht und ist er wieder neu verheiratet, steht dem neuen Ehepartner ein sogenanntes kleines Sorgerecht zu (§ 1687b BGB), das die Angelegenheiten des täglichen Lebens umfasst. Der neue Ehepartner kann im Einvernehmen mit dem Sorgeberechtigten Fragen des täglichen Lebens mitentscheiden. Daneben räumt das Gesetz dem neuen Ehepartner ein, dass er auch bei Gefahr im Verzug handeln darf. Er ist berechtigt, alle Rechtshandlungen vorzunehmen, die zum Wohl des Kindes notwendig sind. Der sorgeberechtigte Elternteil ist aber gleich danach vom Notfall zu unterrichten.

Pflegeeltern und Sorgerecht

Pflegeeltern können über die Dinge des täglichen Lebens (umgangssprachlich: kleines Sorgerecht) nach den Regelungen des Sozialgesetzbuches entscheiden, insbesondere über den Unterhalt, Sozialleistungen und die Arbeitseinkommen des Kindes. Bei Streitigkeiten zwischen den leiblichen Eltern und den Pflegeeltern entscheidet das Jugendamt. Das Jugendamt kann zum Beispiel bei Krankheit der Pflegeeltern das Sorgerecht auch auf bestellte Ergänzungspfleger übertragen.

Wird das Sorgerecht im Ganzen auf die Pflegeeltern übertragen, spricht man von » Vormundschaft «.

Umgangs- und Besuchsrecht

Nicht nur die Eltern, sondern auch die Kinder haben einen juristischen Anspruch auf ein Umgangs- und Besuchsrecht. Sie dürfen einfordern, den Elternteil, bei dem sie nicht überwiegend leben, zu sehen und zu besuchen (§ 1684 BGB).

Jedes Kind darf verlangen, mit jedem Elternteil » Umgang « zu haben. Die Eltern sind dazu verpflichtet und berechtigt. Der Elternteil, bei dem das Kind lebt, muss alles unterlassen, was das Verhältnis des Kindes zum jeweils anderen Elternteil beeinträchtigt oder die Erziehung erschwert.

Streiten sich die Eltern über das Umgangsrecht, kann das Familiengericht über dessen Umfang entscheiden und seine Ausübung näher regeln. Das Gericht kann anordnen, dass sich die Eltern an ihre jeweiligen Pflichten halten müssen, und dabei vorherige Entscheidungen über das Umgangsrecht wieder aufheben oder ändern, wenn das dem Kindeswohl dient. Dauerhafte oder endgültige Entscheidungen in Bezug auf das Besuchs- und Umgangsrecht wird es aber nur selten treffen, das heißt nur dann, wenn das Wohl des Kindes ansonsten gefährdet wäre. Manchmal wird das Gericht ein Besuchs- und

Umgangsrecht nur einräumen, wenn ein Dritter anwesend ist, zum Beispiel ein Träger der Jugendhilfe.

Auch wenn es zu Beginn der Trennung noch ganz gut funktioniert, oft wird die Situation der »Mama-« oder »Papa-Wochenenden« für alle Beteiligten emotional sehr schwierig. Die Eltern streiten sich um die Kinderübergabe, und nicht selten leidet das Kind so unter den aufkeimenden Spannungen, dass es einen der beiden Elternteile gar nicht mehr sehen will.

WISO rät

Planen Sie das Umgangsrecht. Legen Sie es detailliert schriftlich fest und unterschreiben Sie beide Ihre Vereinbarung. Wann beginnt und wann endet das Besuchsrecht? Wo wird das Kind jeweils übergeben? Hat es dann schon gegessen? Je genauer Ihre Regelung ist, desto mehr wird Konfliktpotenzial reduziert.

Ausgestaltung des Umgangsrechts

Grundsätzlich gibt es keine gesetzliche Regelung, wie häufig das Umgangsrecht ausgeübt werden darf. Wenn sich die Eltern einig sind, ist alles möglich.

Achtung!

Kommt es bei Ausgestaltung des Besuchsrechts zu keiner Einigung, so kann auch das Jugendamt oder das Familiengericht vermittelnd eingeschaltet werden.

Viele Gerichtsentscheidungen stellen auf das Alter des Kindes beim Umgangsrecht ab. Je älter das Kind, desto länger kann der Kontakt »am Stück« sein. Die Richter entscheiden meist:

- für kleine Kinder stundenweiser Kontakt einmal pro Woche;
- für Kinder ab drei Jahren erstmals Übernachtungen;
- für Schulkinder regelmäßige Übernachtungen.

Natürlich ist für die richterliche Entscheidungsfindung auch wichtig, wie der bisherige Umgang aussah: Kinder, die schon in der Trennungsphase (ohne

Schäden) regelmäßigen Umgang mit dem Barunterhaltspflichtigen hatten, werden in der Regel auch nach der Scheidung häufigen Kontakt pflegen dürfen. Ist der Kontakt aber ohnehin nicht intensiv, wird ein Familienrichter nicht versuchen, ihn zu intensivieren.

Achtung!

Der umgangsberechtigte Elternteil kann vom anderen Elternteil Schadenersatz verlangen, wenn ihm dieser den Umgang nicht in der vom Familiengericht vorgesehenen Art und Weise gewährt und ihm daraus Mehraufwendungen entstehen. (Bundesgerichtshof, Urteil vom 19.06.2002, Az.: XII ZR 173/00)

Was aber, wenn ein Elternteil den Umgang mit seinem Kind verweigert, wenn er das Kind nicht sehen will? Kann man einen umgangsunwilligen Elternteil zum Umgang zwingen? Das Bundesverfassungsgericht hat sich dazu klar geäußert: Das Kind hat in der Regel ein Recht auf Umgang mit seinen Eltern, denn die Eltern sind zur Pflege und Erziehung des Kindes verpflichtet. Es ist einem Elternteil zuzumuten, zum Umgang mit seinem Kind verpflichtet zu werden, wenn das dem Kindeswohl dient. Allerdings: Ein Umgang, der mit Zwangsmitteln gegen einen umgangsunwilligen Elternteil durchgesetzt werden muss, dient in der Regel nicht dem Kindeswohl. (Bundesverfassungsgericht, Urteil vom 01.04.2008, Az.: 1 BvR 1620/04)

Und wie ein neues Urteil entschieden hat: Gegen den Willen eines Elternteils kann ein Betreuungs-Wechselmodell für das gemeinsame Kind familiengerichtlich nicht angeordnet werden. (Oberlandesgericht Koblenz, Urteil vom 21.01.2010, Az.: 11 UF 251/09)

Umgangsrecht für Stiefeltern nach Trennung oder Scheidung

Seit einer Gesetzesnovelle steht das Umgangsrecht jetzt neben den Eltern auch anderen Personen zu. Das Gesetz nennt ausdrücklich Großeltern und Geschwister sowie »enge Bezugspersonen« (§ 1685 BGB). Meist fallen darunter neue Partner eines Elternteils, die mit dem Kind zusammengelebt haben.

Großeltern und Geschwister haben also ein Recht auf Umgang mit dem Kind, wenn es dem Kind guttut. Gleiches gilt auch für enge Bezugspersonen des Kindes, wenn diese für das Kind tatsächliche Verantwortung tragen oder getragen haben. Das ist in der Regel anzunehmen, wenn die Bezugsperson mit dem Kind längere Zeit in häuslicher Gemeinschaft zusammengelebt hat. Das heißt auch Stiefeltern können unter dieser Voraussetzung ein Umgangsrecht einfordern, zur Not vor Gericht.

Wie der Kontakt zwischen dem Stiefelternteil und dem Kind aussehen kann, muss im Einzelfall entschieden werden. Es können Besuche und gemeinsame Urlaube vereinbart werden, aber auch der Kontakt per Brief oder Telefon gepflegt werden, wenn der Stiefelternteil räumlich weit entfernt lebt. Sinnvoll ist, sich hier mit allen Beteiligten abzusprechen.

WISO rät

Gibt es Probleme bei der Regelung des Umgangsrechts, sollten Sie zunächst das zuständige Jugendamt einschalten. Die dortigen Mitarbeiter helfen vermittelnd und machen Vorschläge.

Achtung!

Die Jugendämter sind auch eine Servicebehörde. Sie bieten kostenlose Beratungen an, führen teilweise Mediationen durch. Daneben können auch Familienberatungsstellen wie die Arbeiterwohlfahrt oder Caritas Unterstützung bieten.

Nach der Trennung: Worauf Sie achten müssen

Unmittelbar nach der Trennung macht man sich über viele ihrer Folgen wahrscheinlich kaum oder keine Gedanken: Welchen Namen tragen Sie – und die Kinder – nach der Scheidung? Bei welchen Policen verlieren Sie schon durch die Trennung den Versicherungsschutz, und welche müssen Sie spätestens nach der Scheidung neu abschließen oder ändern? Gilt das gemeinsame Testament auch noch nach der Scheidung? Sie sollten auch hier genau Bescheid wissen, denn sonst können Sie später – nicht nur finanziell – böse überrascht werden.

Ehename

Heute wird bei Ihrer standesamtlichen Heirat nicht mehr automatisch der Nachname des Mannes gewählt. Sie können frei entscheiden, ob Ihr Name oder der Ihres Partners gemeinsamer Ehename wird. Übrigens: Sie müssen auch gar keinen gemeinsamen Ehenamen wählen, jeder kann seinen Namen behalten (§ 1355 Abs. 1 S.3 BGB).

Wahlrecht

Während Ihrer Trauung wird Sie der Standesbeamte fragen, ob und wenn ja welchen Namen Sie zum Ehenamen wählen. Bis vor kurzem konnten Sie Ihren Geburtsnamen oder den Ihres Partners aussuchen. Jetzt hat das Bundesverfassungsgericht entschieden, dass Sie auch einen Namen aus früherer Ehe, den Sie oder Ihr Partner angenommen haben, zum gemeinsamen Ehenamen bestimmen können. Damit soll denjenigen geholfen werden, die oft jahrzehntelang einen »erheirateten« Namen getragen haben und diesen gerne weiterführen wollen.

Beispiel

Sie heißen Kurz, geborene Lang, Ihr Partner Klein. Sie können zwischen den beiden Geburtsnamen Lang und Klein wählen, aber sich auch für den Namen Kurz (Ihren angeheirateten Namen) entscheiden.

Achtung!

Tragen Sie schon einen Doppelnamen als Nachnamen, kann auch dieser als gemeinsamer Ehename gewählt werden. Doppelnamen, die aus Ihrem Namen und dem Ihres Partners neu gebildet werden, sind dagegen nicht möglich.

Sie können sich nicht Kurz-Klein oder Lang-Klein nennen, auch nicht Klein-Lang oder Klein-Kurz.

Auch wenn Sie sich zunächst dafür entscheiden, dass jeder seinen Namen behält, können Sie das noch während Ihrer Ehe ändern. Sie können auch noch nach Ihrer Heirat einen gemeinsamen Ehenamen wählen.

Namenszusatz

Wenn Sie sich für einen gemeinsamen Ehenamen entscheiden, geht ein Nachname »verloren« – der Ihres Partners oder Ihrer. Das kann für den Betreffenden schwer sein, erst recht, wenn er seinen Namen lange geführt hat, ihn schön findet oder er für ihn beruflich wichtig ist. Daher räumt der Gesetzgeber die Möglichkeit ein, den eigenen Namen anzuhängen oder voranzustellen. Sie können ihn als persönlichen »Namenszusatz« führen (§ 1355 Abs. 4 BGB).

Auch hier haben Sie die Wahl, als Namenszusatz Ihren Geburtsnamen zu nehmen oder den aus einer früheren Ehe, den Sie angenommen haben.

Sie haben als Ehenamen Klein gewählt. Sie können folgenden Zusatz zum Ehenamen wählen:

- Klein-Lang
- Klein-Kurz
- Lang-Klein
- Kurz-Klein

Achtung!
Führen Sie schon einen Doppelnamen, dürfen Sie keinen Namenszusatz mehr wählen. Dreifachnamen sind nicht erlaubt.

Name der Kinder

Ein gemeinsamer Ehename ist nicht Pflicht. Zwar »sollen« Sie nach dem Gesetz einen gemeinsamen Namen wählen, müssen es aber nicht (§ 1355 Abs. 1 BGB). In dem Fall stellt sich allerdings für Ihre Kinder die Frage nach dem Namen.

Grundsätzlich erhalten Ihre Kinder den von Ihnen gemeinsam gewählten Ehenamen als Geburtsnamen (§ 1616 BGB). Behalten Sie beide Ihre bisherigen Namen, müssen Sie sich entscheiden, welchen Namen Ihr Kind tragen soll, Ihren oder den Ihres Partners. Ein aus Ihrem Namen und dem Ihres Partners gebildeter Doppelname ist nicht möglich.

Sie müssen eine Erklärung gegenüber dem Standesbeamten abgeben, welchen Namen das Kind als Geburtsnamen bekommt. Hierbei stehen die beiden Namen zur Auswahl, die Sie zur Zeit der Namensbestimmung führen. Tragen Sie Ihren »angeheirateten« Namen, können Sie sich auch für diesen entscheiden. Allerdings trägt Ihr Kind dann einen Namen, den auch Ihr Ex-Partner führt, mit dem Ihr Kind nichts zu tun hat.

Beispiel
Sie heißen Kurz, geborene Lang, Ihr Partner Klein. Bekommen Sie ein gemeinsames Kind, können Sie sich für den Namen Ihres Partners Klein oder Ihren »angeheirateten« Namen Kurz als Geburtsnamen Ihres Kindes ent-

scheiden. Sie können dagegen nicht Ihren Geburtsnamen für das Kind wählen, also nicht Lang.

Haben Sie einen gemeinsamen Ehenamen bei der Heirat gewählt und fügen Sie Ihren Namen als Zusatz an, bekommt Ihr Kind nur den gemeinsamen Ehenamen als Geburtsnamen. Das Kind kann nicht Ihren persönlichen Namenszusatz tragen.

Etwas anderes gilt, wenn Sie Ihren »Doppelnamen« in die nächste Ehe mitnehmen. Dann kann auch Ihr Kind diesen Namen erlangen.

Beispiel

Schmidt ist der gemeinsame Ehename von Ihnen und Ihrem Partner. Sie haben als Namenszusatz Müller (Ihren Geburtsnamen) gewählt, heißen also Schmidt-Müller. Ihr Kind erhält aber als Geburtsnamen nur Ihren gemeinsamen Ehenamen Schmidt.

Lassen Sie sich scheiden und heiraten Herrn Meyer, kann Ihr Kind aus der zweiten Ehe jetzt als Geburtsnamen Meyer oder Schmidt-Müller erhalten, wenn Sie sich in dieser Beziehung für keinen gemeinsamen Ehenamen entscheiden.

Achtung!

Damit nicht noch mehr Namensverwirrung auch bei den Kindern entsteht, wurde klar entschieden: Der Name, den Sie für Ihr erstes gemeinsames Kind wählen, gilt auch für alle weiteren Kinder.

Was aber, wenn Sie sich nicht einig werden? Wenn Sie nicht entscheiden können, wie Ihr gemeinsames Kind heißen soll? Würfeln oder Lose ziehen macht Sie wahrscheinlich nicht glücklich. Aber ein Gerichtsentscheid vom Familiengericht auch nicht, doch finden Sie innerhalb eines Monats keine Lösung, muss das Gericht einschreiten. Das zuständige Familiengericht wird einen von Ihnen bestimmen, die Entscheidung zu fällen, für die es dem Berechtigten eine Frist setzt. Ist diese abgelaufen, heißt das Kind wie derjenige, der entscheiden sollte.

Haben Sie Ihren gemeinsamen Ehenamen erst nach der Heirat gewählt, bestimmt das Gesetz den Namen des Kindes abhängig von dessen Alter (§ 1617 c BGB):

- Kinder bis 5 Jahre: Die Namensänderung gilt auch für sie.
- Kinder über 5 Jahre: Die Entscheidungsbefugnis liegt beim Kind.

Nach der Scheidung: Ihr Name

Lassen Sie sich scheiden, kommt es darauf an, ob Sie einen gemeinsamen Ehenamen getragen haben oder nicht. Hat jeder von Ihnen seinen Namen auch während der Ehe behalten, ändert die Scheidung daran nichts.

Haben Sie einen gemeinsamen Ehenamen gewählt, wird dieser nach der Scheidung zunächst fortgeführt (§ 1355 Abs. 5 BGB). Allerdings: Derjenige, der seinen Namen abgegeben hat, darf ihn wieder annehmen – eine gute Wahlmöglichkeit für diejenigen, die unter ihrer Ehe sehr gelitten haben und weder mit ihrem Ex-Partner noch mit dessen Namen verbunden sein wollen.

Dem Ehepartner, der seinen Namen aufgegeben hat, bieten sich hierbei zwei Möglichkeiten: Er kann zu seinem Geburtsnamen zurückkehren oder er kann einen Doppelnamen wählen und seinen Geburtsnamen voranstellen oder anfügen.

Beispiel

Der gemeinsame Ehename war Klein, Ihr Geburtsname Lang. Sie können entweder zu Ihrem Geburtsnamen Lang zurückkehren oder einen Doppelnamen wählen: Klein-Lang.

Achtung!

Waren Sie vorher schon verheiratet, können Sie auch zu dem Namen zurückkehren, den Sie vor der neuen Ehe trugen. Das heißt auch zu einem Namen, den Sie von Ihrem Ex-Partner angenommen hatten. Sie haben hier ein Wahlrecht.

Beispiel

Der gemeinsame Ehename war Klein. Sie hießen vor der Ehe Kurz, geborene Lang. Sie können wählen, ob Sie den Namen Klein behalten oder Kurz oder Lang.

Nach der Scheidung: Der Name Ihrer Kinder

Wenn Sie sich scheiden lassen, hat das auf den Namen Ihres Kindes keinen Einfluss. Ihr Kind behält den Namen, den Sie gewählt haben oder der gemeinsamer Ehename wurde.

Heiraten Sie wieder und lebt Ihr Kind bei Ihnen, kann das aber zu Problemen führen. Ihr Kind kann sich ausgegrenzt fühlen – erst recht, wenn in der neuen Ehe Kinder geboren werden. Wenn Sie nach der Heirat den Namen Ihres neuen Ehepartners annehmen und die Halbgeschwister dann auch so wie der neue Partner heißen, trägt Ihr Kind aus erster Ehe einen anderen Namen als alle übrigen Familienmitglieder.

Beispiel

Sie haben in Ihrer ersten Ehe als gemeinsamen Namen Klein gewählt. Jetzt heiraten Sie erneut und nehmen den Namen Ihres neuen Partners, Groß, als gemeinsamen Familiennamen an: Ihr Kind aus erster Ehe heißt weiterhin Klein, die Kinder aus der zweiten Ehe alle Groß.

Damit Ihr Kind sich nicht über seinen Namen ausgegrenzt fühlt, kann es möglicherweise ebenfalls den Namen Groß annehmen. Allerdings müssen bei einer Namenseinbenennung auch die Interessen des anderen leiblichen Elternteils berücksichtigt werden. Daher ist sie nur möglich, wenn:

- das Kind minderjährig und unverheiratet ist und
- das Kind beim einbenennenden Elternteil wohnt und
- der einbenennende Elternteil das alleinige Sorgerecht oder das gemeinsame Sorgerecht hat und
- der andere Elternteil zustimmt, wenn auch er sorgeberechtigt ist oder das Kind seinen Namen trägt (Gericht kann das in Ausnahmefällen ersetzen) und
- das Kind der Einbenennung zustimmt, wenn es älter als fünf Jahre ist.

Achtung!
Liegen die Voraussetzungen der Einbenennung vor, kann das Kind auch einen Doppelnamen führen. Es kann seinen bisherigen Namen und den Namen des Elternteils, bei dem es wohnt, zusammenfügen.

Beispiel
Ihr Kind kann den Namen Groß wählen, oder es nimmt einen Doppelnamen an: Klein-Groß oder Groß-Klein.

Versicherungen

Unbedingt müssen Sie vor Ihrer Scheidung an Ihre Versicherungen denken. Denn Sie können möglicherweise bei der einen oder anderen Police Ihren Versicherungsschutz verlieren.

Viele Versicherer bieten in ihren Verträgen einen Familientarif und damit Familienschutz an. Das heißt, alle in der häuslichen Gemeinschaft lebenden Personen werden mitversichert. Typische Beispiele für solche Policen sind etwa die Hausrat-, die gesetzliche Kranken-, die Haftpflicht- oder die Rechtsschutzversicherung.

WISO rät
Überprüfen Sie Ihre Versicherungen Schritt für Schritt. Welcher Versicherer muss von der Trennung (und eventuell neuen Adresse) erfahren, welche Police müssen Sie für sich neu abschließen?
Ihre persönliche Checkliste könnte so aussehen:
– Private Haftpflichtversicherung
– Rechtsschutzversicherung
– Hausratversicherung
– Gesetzliche Krankenversicherung
– Private Krankenversicherung
– Lebensversicherung

Private Haftpflicht

Bei der privaten Haftpflichtversicherung sind Ihr Ehepartner und die Kinder automatisch mitversichert, wenn Sie den Familientarif gewählt haben. Daran ändert sich auch nichts, wenn Sie oder der Partner aus der gemeinsamen Wohnung ausziehen. Nach der Scheidung hingegen genießen den Versicherungsschutz nur noch der Versicherungsnehmer und die Kinder, wenn sie bei ihm ihren Lebensmittelpunkt haben. Spätestens dann braucht der ehemals mitversicherte Partner eine eigene Haftpflichtversicherung.

WISO rät

Sprechen Sie den Umgang mit den Versicherungen mit Ihrem Partner ab. Denn sonst könnte es passieren, dass Ihr Partner während der Trennung als Versicherungsnehmer die Police kündigt und Sie das weder wissen noch wollen.

Der Versicherungsnehmer kann auch seine neue Partnerin beziehungsweise seinen neuen Partner als Mitversicherten anmelden – auch dann verlieren Sie den Versicherungsschutz.

Rechtsschutzversicherung

Auch bei der Rechtsschutzversicherung endet spätestens mit Rechtskraft des Scheidungsbeschlusses die Mitversicherung; die Kinder sind aber weiterhin versichert.

Achtung!

Die Mitversicherung der Kinder in der Rechtsschutzversicherung besteht nach der Scheidung weiter, unabhängig davon, welchem Elternteil das Sorgerecht zugesprochen wird. Demnach ist es egal, bei welchem Elternteil das Kind wohnt.

WISO rät

Benachrichtigen Sie Ihren Versicherer über die Scheidung – schließen Sie als Mitversicherter gegebenenfalls Ihre eigene Rechtsschutzversicherung ab.

Hausratversicherung

Sind Sie Versicherungsnehmer und zieht Ihr Partner aus der gemeinsamen Wohnung aus, ändert sich für Sie nichts – Ihr Partner hingegen besitzt in seiner neuen Wohnung keinen Versicherungsschutz mehr und müsste einen eigenen Vertrag abschließen.

Wenn Ihr Partner teure Gegenstände aus der Wohnung mitnimmt, beispielsweise Gemälde, Elektrogeräte oder Teppiche, sollten Sie dies Ihrer Versicherung melden und so Ihre Versicherungssumme reduzieren; damit sparen Sie Geld.

Ziehen Sie als Versicherungsnehmer aus, nehmen Sie den Schutz mit. Allerdings besteht auch für die alte gemeinsame Wohnung der Versicherungsschutz oft noch eine Zeit lang fort. In der Regel gilt eine dreimonatige Frist: Ab Umzugstermin besteht in beiden Wohnungen dann bis zu drei Monate lang Versicherungsschutz. Erkundigen Sie sich bei Ihrer Versicherung nach deren genauen Regelungen.

Gesetzliche Krankenversicherung

Im Zuge der zum 1. April 2007 in Kraft getretenen Gesundheitsreform wurden auf dem Feld der gesetzlichen Krankenversicherung einige Änderungen vorgenommen.

Waren Sie vor der Reform in der Familienversicherung mitversichert, konnte es Ihnen passieren, dass Sie nach der Scheidung plötzlich ganz ohne Krankenversicherung dastanden. Und auch keine Chance besaßen, in einer gesetzlichen Krankenversicherung wieder aufgenommen zu werden, denn nach Rechtskraft der Scheidung hatten Sie maximal drei Monate Zeit, sich freiwillig bei einer gesetzlichen Krankenversicherung zu versichern. Danach lag es im Ermessen der Versicherung, Sie noch aufzunehmen oder eben nicht. Manche Ex-Mitversicherten kämpften vergeblich um eine Mitgliedschaft.

Ab dem 1. April 2007 besteht eine Krankenversicherungspflicht. Das heißt Sie müssen von einer gesetzlichen Krankenversicherung aufgenommen werden. Allerdings zahlen Sie auch ab Rechtskraft des Scheidungsbeschlusses gleich Beiträge zur Krankenversicherung; das bedeutet, auch wenn Sie noch kein Mitglied bei einer Kasse sind, werden Sie die Beiträge später nachentrichten müssen.

WISO rät

Sie sollten sich gleich nach dem Scheidungsbeschluss mit der Krankenkasse Ihrer Wahl in Verbindung setzen und einen Termin vereinbaren. Denn kümmert man sich erst nach ein paar Monaten darum, muss man auf einen Schlag einiges nachzahlen.

Die Kinder können auch nach der Scheidung in der Familienversicherung bleiben. Sie können aber ebenso in die Familienversicherung des anderen Elternteils wechseln, der eine eigene Krankenversicherung abgeschlossen hat.

Beispiel

Ihr Partner war Hauptverdiener in der Ehe, Sie und die beiden Kinder waren bei ihm mitversichert. Nach der Scheidung suchen Sie sich eine eigene gesetzliche Krankenversicherung, in der Sie die Kinder mitversichern können. Die Kinder können aber auch über Ihren Partner versichert sein.

Private Krankenversicherung

Wenn Sie und Ihr Partner privat krankenversichert sind, ändert sich durch die Trennung und die Scheidung für Sie nichts. Beide behalten unabhängig voneinander Ihren Versicherungsschutz.

WISO rät

Muss Ihr Partner nach der Scheidung Ihre Krankenversicherung mitzahlen, sollten Sie die Zahlungen immer gut überprüfen. Denn werden die Beiträge nicht regelmäßig entrichtet, kann man schnell seinen Versicherungsschutz verlieren.

Haben Sie Kinder und sind diese auch privat krankenversichert, kommt es darauf an, wer der Versicherungsnehmer ist, das heißt bei wem die Kinder mitversichert sind. Er ist grundsätzlich gegenüber dem Versicherer zur Zahlung der Beiträge für die versicherten Kinder verpflichtet.

Private oder gesetzliche Krankenversicherung?

Sind Sie privat versichert und Ihr Partner gesetzlich, ist es von Belang, wer der Besserverdienende in der Ehe ist. Nur wenn Ihr Partner mehr verdient, kann er die Kinder in der gesetzlichen Familienversicherung mit aufnehmen. Ansonsten werden die Kinder über Sie in der privaten Versicherung mitversichert (§ 10 Abs. 3 SGB V).

Beispiel
Sie verdienen 60 000 Euro im Jahr, Ihr Ehepartner 15 000 Euro dazu. Sie sind privat versichert, Ihr Partner gesetzlich. Auch wenn es teurer ist, müssen die Kinder über Sie privat versichert werden.

Achtung!
Nach der Scheidung allerdings können die Kinder auch beitragsfrei in der gesetzlichen Krankenversicherung des schlechter verdienenden Partners mitversichert werden.

Beispiel
Sie lassen sich scheiden, zahlen Unterhalt für die Kinder, die bei Ihrem Partner leben. Sie können verlangen, dass die Kinder jetzt bei Ihrem Partner mit in der gesetzlichen Krankenversicherung aufgenommen werden. Das spart Ihnen als Unterhaltszahler Geld.

Lebensversicherung

Bei der Lebensversicherung kann derjenige Partner, der Versicherungsnehmer ist, frei über die Police verfügen. Das heißt er kann sie behalten, verkaufen oder manchmal auch in eine Risikolebensversicherung umwandeln.

Achtung!
Überprüfen Sie als Versicherungsnehmer, wer in der Police als Bezugsberechtigter eingetragen ist. Vielleicht wollen Sie nach der Scheidung eine andere Person einsetzen.

Finanzen

Nach Ihrer Trennung sollten Sie auch die finanzielle Seite der neuen Lebenssituation anpassen. Denn nicht selten wird ein gemeinsames Konto von einem der Partner leer geräumt oder ein Kredit vom Hauptverdiener nicht weiter abgezahlt.

Haben Sie ein eigenes Konto, aber Ihrem Partner Vollmacht erteilt, sollten Sie diese Vollmacht bei Ihrer Bank widerrufen. Ein formloses Schreiben genügt dazu.

Gemeinsame Konten sollten Sie kündigen, bevor es zu Ärger kommt. Gut zu wissen: Hebt Ihr Partner vom Gemeinschaftskonto ohne Ihren Willen Geld ab, muss er Ihnen die Hälfte des Betrags ersetzen.

WISO rät
Solange das Gemeinschaftskonto noch besteht, sollten Sie den Kontenverlauf regelmäßig überprüfen. So behalten Sie den Überblick über die Finanzlage.

Bei Ihrem Sparbuch müssen Sie vorsichtig sein. Denn die Bank prüft nicht nach, wer der Eigentümer des Sparbuchs ist, sondern zahlt jedem Geld aus, der das Sparbuch vorlegt. Sie sollten daher Ihr Sparbuch nicht aus der Hand geben.

WISO rät
Damit es später über das Vermögen oder Einkommen keinen Streit gibt oder Unterlagen plötzlich verschwinden, sollten Sie unbedingt alle wichtigen Papiere, wie zum Beispiel Lebensversicherungsverträge, Bausparver-

träge, Gehaltsabrechnungen und Wertpapiere, kopieren. Am besten mit Ihrem Partner gemeinsam. So hat jeder von Ihnen eine Finanzübersicht.

Weigert sich Ihr Partner, haben Sie ihm gegenüber zwar einen Anspruch auf Auskunft. Jedoch sollten Sie versuchen, die finanziellen Angelegenheiten gemeinsam zu besprechen und einvernehmlich zu regeln.

Achtung!
Schwiegereltern können Geldgeschenke an die Schwiegerkinder bei Scheitern der Ehe zurückfordern. Das Geldgeschenk sei eine Schenkung, der durch die Scheidung die Rechtsgrundlage entzogen wurde. Dies war allerdings nur möglich, führte das Gericht aus, weil das eigene Kind kaum in den Genuss der Schenkung kam. (Bundesgerichtshof, Urteil vom 03.02.2010, Az.: XII ZR 189/06)

Erbrecht

Eine schreckliche Vorstellung: Sie haben geheiratet und Ihr Partner stirbt. Was dann?

Während der Ehe

Sind Sie verheiratet und stirbt Ihr Ehepartner, werden Sie ohne Testament gesetzlicher Erbe (§ 1931 BGB). Sie erben neben den leiblichen Kindern je ein Viertel, neben den Eltern oder Großeltern Ihres verstorbenen Ehepartners die Hälfte des Nachlasses.

Achtung!
Sind weder Kinder, Eltern noch Großeltern vorhanden, erhalten Sie als Ehepartner die gesamte Erbschaft (§ 1931 Abs. 2 BGB).

Daneben steht Ihnen ein weiterer Erbanteil zu, wenn Sie den gesetzlichen Güterstand der Zugewinngemeinschaft gewählt haben. Der Ausgleich des Zugewinns wird dadurch erreicht, dass Ihr gesetzlicher Erbteil um ein Viertel der Erbschaft erhöht wird (§ 1371 Abs. 1 BGB). Das heißt Sie erben dann neben den leiblichen Kindern des verstorbenen Ehepartners die Hälfte und neben den Eltern des Verstorbenen drei Viertel des Nachlasses.

Beispiel

Ihr Ehepartner stirbt, er bringt aus erster Ehe ein Kind mit in die Ehe, Sie haben daneben noch ein gemeinsames Kind. Sie erhalten als gesetzlicher Erbe ein Viertel, aus der ehelichen Zugewinngemeinschaft ein weiteres Viertel. Sie bekommen also die Hälfte des Nachlasses, die Kinder die andere Hälfte, die sie sich teilen müssen.

Sie können daneben auch durch ein Testament erben, wenn Ihr Ehepartner seinen letzten Willen niedergeschrieben oder vor einem Notar erklärt hat und Sie darin berücksichtigt werden.

Hat Ihr Partner Sie im Testament dagegen nicht erwähnt oder Sie explizit von der Erbschaft ausgeschlossen, gehen Sie aber dennoch nicht leer aus. Sie erhalten als Ehepartner im Fall der Enterbung den gesetzlichen Pflichtteil, das ist die Hälfte des gesetzlichen Erbteils (§ 2303 Abs 2 BGB).

Nach der Scheidung

Ehepartner sind nur bei bestehender Ehe erbberechtigt. Nach der Scheidung entfällt das gesetzliche Erbrecht. Sie gehen dann leer aus.

Achtung!

Hatte der Verstorbene die Scheidung bereits beantragt oder ihr zugestimmt und lagen die Voraussetzungen der Scheidung vor, entfällt schon zu diesem Zeitpunkt das Ehegattenerbrecht, obwohl die Ehe noch besteht. Dasselbe gilt auch für den Pflichtteil, der dem Ehegatten eingeräumt wird. Auch dieser erlischt durch die Scheidung beziehungsweise das Vorliegen der Scheidungsvoraussetzungen.

Die Kinder bleiben auch nach einer Ehescheidung weiter gesetzliche Erben. Das heißt, dass nur Sie als Ex-Ehepartner vom Nachlass nichts bekommen.

Beispiel
Um in dem obigen Beispiel zu bleiben: Das Kind aus erster Ehe und Ihr gemeinsames Kind erben je zur Hälfte.

Ist Ihr Kind minderjährig, verwalten Sie sein Vermögen und damit auch die Erbschaft. Das heißt Sie haben indirekt trotz Scheidung einen Einfluss zumindest auf einen Teil des Nachlasses.

WISO rät
Wollen Sie verhindern, dass Ihr geschiedener Partner im Fall Ihres vorzeitigen Ablebens Einfluss auf die Erbschaft der Kinder hat, müssen Sie ein Testament verfassen. Darin können Sie die Erbschaft unter Auflagen stellen oder einen Testamentsvollstrecker einsetzen, der den Nachlass vorläufig verwaltet.

Hat Ihr Ehepartner ein Testament hinterlassen, stellt sich die Frage, ob Sie auch dann durch Scheidung »enterbt« werden. Hier kommt es auf den Zeitpunkt an, wann Ihr Ex-Ehepartner seinen letzten Willen niedergeschrieben hat. War es während der Ehe oder der Verlobung, geht man davon aus, dass Sie mit der Scheidung Ihre Erbschaft verlieren. Denn der Erblasser wollte Sie als Erben bedenken, weil Sie sein Ehepartner waren. Wurde das Testament hingegen schon vor der Ehe erstellt, soll es, so die Rechtsprechung, bestehen bleiben. Man geht dann davon aus, dass Ihr Partner Sie selbst, und zwar unabhängig von der Stellung als Ehegatte absichern wollte. Das Testament bleibt in diesem wohl eher seltenen Fall also unverändert bestehen – auch nach der Scheidung.

WISO rät
Wenn Sie sich scheiden lassen, müssen Sie unbedingt darüber nachdenken, ob das Testament inhaltlich so bleiben soll, wie Sie es verfasst haben. Ist das nicht der Fall, können Sie einfach ein neues Testament schreiben, welches das alte ersetzt. Um keine Verwirrung zu stiften, sollten Sie aber unbedingt das alte Testament vernichten.

Die Kosten des Scheidungsverfahrens

Eine traurige Bilanz: Mehr als ein Drittel aller Ehen gehen zu Bruch – und das nicht erst nach langer Zeit. Das »verflixte siebte Jahr« erleben heute nur wenige Paare, viele Scheidungen erfolgen laut Statistischem Bundesamt schon früher.

Das Scheidungsverfahren kostet Nerven, Zeit und Geld. Doch Sie können einiges sparen, denn vieles lässt sich ohne Anwalt und Gericht regeln. Je friedlicher Sie sich trennen, umso geringer sind die Scheidungskosten. Es ist zwar nicht einfach, Emotionen bei einer Scheidung außen vor zu lassen – hilft aber in der Trennungsphase. Erst recht, wenn Kinder im Spiel sind.

Verfahrensablauf

Bevor es zu einem Scheidungsbeschluss kommen kann, wird der Richter Sie zu einer mündlichen Verhandlung laden. Bei dem Termin sind beide Ehepartner sowie ihre Anwälte anwesend. Keine Sorge: Der Termin ist nicht öffentlich, das heißt Ihre privaten Angelegenheiten können nicht nach außen dringen.

Der Richter entscheidet über den Scheidungsantrag und in der Regel über den Versorgungsausgleich. Die anderen Familiensachen werden nur dann im Scheidungsverfahren behandelt, wenn das einer von Ihnen beantragt. Ohne einen solchen Antrag müssen solche Angelegenheiten eventuell in einem gesonderten Verfahren entschieden werden. Um Folgendes kann es sich dabei handeln:

- Ehegattenunterhalt,
- Kindesunterhalt,
- Zugewinnausgleich,

- Verteilung von Ehewohnung und Hausrat.

Beantragt einer von Ihnen zu Beginn oder während des Scheidungsverfahrens, dass eine dieser Familiensachen mit geregelt werden soll, darf die Ehe in der Regel nicht eher geschieden werden, bis auch diese Angelegenheit geklärt ist. Ein Antrag darf sogar noch im Scheidungstermin gestellt werden. Dann entscheidet der Richter im sogenannten Verbundverfahren (§ 623 ZPO), wodurch sich der Prozess stark hinauszögern kann. Eine schnelle unkomplizierte Scheidung ist so nicht möglich.

Achtung!
Andere Streitfragen, die mit der Ehe zusammenhängen, sind immer in gesonderten Prozessen zu klären. Dazu gehören beispielsweise die Verteilung gemeinsamer Schulden, die Verteilung einer Steuererstattung, Ansprüche eines Ehegatten gegenüber dem anderen aus der Mitarbeit in seinem Betrieb.

Die einvernehmliche Scheidung

Im Scheidungsverfahren herrscht Anwaltszwang, das heißt jeder von Ihnen muss sich vor Gericht von einem Anwalt vertreten lassen. Das kostet Geld. Wollen Sie Zeit und Geld sparen, sollten Sie die einvernehmliche Scheidung wählen, geregelt in § 630 ZPO.

Diese Möglichkeit bedingt aber, dass Sie die Scheidung gemeinsam wollen und seit einem Jahr getrennt leben. Daneben verlangt der Gesetzgeber von Ihnen, dass Sie sich im Vorfeld über die wesentlichen Dinge einig werden. Das bedeutet, bestimmte Scheidungsfolgen müssen Sie schriftlich in einer sogenannten Scheidungsfolgenvereinbarung festhalten. Dieser Vertrag muss dann von einem Notar beurkundet werden. Stellen Sie den Scheidungsantrag, müssen Sie den notariell beurkundeten Vertrag mit einreichen. Es wird dann über die vereinbarten Scheidungsfolgen nicht mehr verhandelt.

Wählen Sie die einvernehmliche Scheidung, reicht es aus, wenn sich einer von Ihnen einen Anwalt genommen hat. Dieser kann den Scheidungsantrag stellen, und der andere Partner stimmt dem nur noch zu. Er braucht dafür keinen Anwalt.

Sie haben sich während Ihrer Ehe auseinandergelebt und wollen sich scheiden lassen. Da Sie sich auch nach der Trennung noch recht gut verstehen, streben Sie eine schnelle und kostengünstige Scheidung an. Sie suchen sich gemeinsam einen Anwalt, der das Verfahren für Sie durchführen soll, und entscheiden, dass der Anwalt Ihren Partner im Prozess vertritt. Der Anwalt stellt für Ihren Partner den Scheidungsantrag bei Gericht, Sie stimmen dem Antrag zu und verzichten auf eine Prozessvertretung im Verfahren. So sparen Sie sich einen eigenen Anwalt und können sich die Kosten für den Anwalt Ihres Partners teilen.

WISO rät

Überlegen Sie sich gut, ob Sie auf Ihren Anwalt verzichten wollen. Sie sind dann im Prozess nicht vertreten, denn der Anwalt Ihres Partners darf nur für Ihren Partner handeln. Sie sollten sich in dem Fall über die Scheidungsfolgen wirklich einig sein. Gibt es Streit, nehmen Sie sich lieber einen eigenen Anwalt. Das schließt die einvernehmliche Scheidung nicht aus.

Scheidungsfolgenvereinbarung

Wählen Sie die einvernehmliche Scheidung, müssen Sie die Scheidungsfolgen schon im Vorfeld klären. Wer kümmert sich um die Kinder? Wie viel Unterhalt bekommt der Ehepartner? Wer übernimmt den Kredit für das Haus, und wer behält das Auto?

Zu den Folgesachen gehören:

- die elterliche Sorge und das Umgangsrecht (Verzichtserklärung wegen Einigung oder übereinstimmender Antrag auf Festlegung),
- der Kindesunterhalt,
- der Ehegattenunterhalt,
- die Verteilung von Ehewohnung und Hausrat.

Es ist schwierig, sich über diese Punkte zu einigen, wenn Emotionen im Spiel sind. Finden Sie in bestimmten Punkten keine Einigung, sollten Sie sich von einem Anwalt beziehungsweise Fachanwalt für Familienrecht beraten lassen. Zur Not müssen Sie alle Punkte mit anwaltlicher Unterstützung klären. Wichtig ist, dass Sie am Ende mit Ihrem Partner die sogenannte Scheidungsfolgenvereinbarung schließen, in der alle wesentlichen Folgen der Scheidung schriftlich festgehalten sind.

Vorsicht: Setzt der Anwalt des Ehepartners die Vereinbarung auf, sollten Sie diese nicht gleich unterschreiben. Lesen Sie sich alles in Ruhe durch. Die Vereinbarung bindet Sie und hat weitreichende Folgen. Außerdem vertritt jeder Anwalt nur die Interessen seines Mandanten. Es sind also nicht Ihre Interessen, die dort Berücksichtigung finden. Haben Sie ein schlechtes Gefühl, lassen Sie die Folgenvereinbarung von einem eigenen Anwalt überprüfen.

> **Achtung!**
> Damit die Vereinbarung vor Gericht Bestand hat, muss sie ein Notar beurkunden. Als Alternative können Sie die Vereinbarung auch im Prozess protokollieren lassen. Dafür benötigen aber beide Parteien wiederum einen Anwalt. Die notarielle Beurkundung kann in diesem Fall günstiger sein.

Gut zu wissen: Haben Sie sich über die Folgesachen im Vorfeld verständigt und stellt keiner von Ihnen neben dem Scheidungsantrag einen anderen Antrag, zum Beispiel auf Klärung des Unterhalts, dann interessiert sich das Gericht auch nicht für Ihre Scheidungsfolgenvereinbarung. Das Gericht kümmert sich dann ausschließlich um die Frage, ob die Ehe gescheitert ist und wie der Versorgungsausgleich aussieht.

Die einzelnen Antragswege

Es gibt verschiedene Wege, wie Sie eine Scheidung durchführen können. Dabei kommt es auf das Verhältnis zu Ihrem Partner an – aber auch auf Ihre Vernunft.

- Einvernehmliche Scheidung: Sie klären die Scheidungsfolgen und legen die Vereinbarung dem Gericht vor. Daneben beantragen Sie die Scheidung. Sie brauchen hier nur einen Anwalt. Der Richter entscheidet nicht über Ihre Vereinbarung, nur über den Scheidungsantrag (und den Versorgungsausgleich).
- Sie klären die Scheidungsfolgen mit Ihrem Partner und beantragen nur den Scheidungsbeschluss. Dafür brauchen Sie zwei Anwälte. Die Scheidungsfolgen werden dann gar nicht oder bei späterem Streit in einem nachfolgenden Prozess geklärt. Der Richter entscheidet hier zunächst nur über den Scheidungsantrag (und den Versorgungsausgleich).
- Sie wollen die Scheidung und streiten sich über die Scheidungsfolgen. Der Richter wird alles in einem Verbundverfahren klären. Sie brauchen zwei Anwälte. Das Verfahren wird lange dauern und teuer werden.
- Sie wollen die Scheidung, und der andere widerspricht. Das Gericht wird prüfen, ob die Voraussetzungen vorliegen. Wenn kein Härtefall für den Antragsgegner vorliegt, erfolgt ein entsprechender Beschluss.

Verfahrensdauer

Haben Sie sich für den ersten oder zweiten Antragsweg entschieden, kann das Scheidungsverfahren relativ schnell gehen. Mit mehreren Monaten müssen Sie aber dennoch rechnen. Das liegt daran, dass in der Regel der Versorgungsausgleich (Rentenausgleich) durchgeführt werden muss. Das Gericht muss bei Ihren Rentenversicherungsträgern jeweils eine Rentenberechnung anfordern. Manchmal dauern die Berechnungen der Rentenversicherungsträger lange, weil Ihr Rentenkonto Lücken aufweist, bestimmte Zeiten in Ihrem Rentenverlauf ungeklärt sind. Dann müssen diese erst noch geklärt werden. Nähere Informationen dazu finden Sie im Kapitel »Versorgungsausgleich«.

WISO rät

Sie sollten schon während der Trennungsphase Ihren Rentenverlauf überprüfen lassen. Stellen Sie dafür bei Ihrem Rentenversicherungsträger einen Antrag auf Kontenklärung. Zeigen sich Lücken, können Sie die im Vorfeld schließen lassen. Damit sorgen Sie für eine schnellere Abwicklung im Scheidungsprozess.

Wählen Sie den dritten Weg – das heißt, muss der Richter neben dem Scheidungsantrag im Verbund auch noch über andere Anträge entscheiden –, kann sich das Verfahren stark hinauszögern. Erst recht, wenn immer wieder neue Anträge im Lauf des Verfahrens gestellt werden. Die Scheidung wird erst dann ausgesprochen, wenn alle Angelegenheiten im Verbund entscheidungsreif sind. Der Scheidungsbeschluss kann hier sogar erst nach Jahren ergehen.

Verfahrenskosten

Die Kosten des Scheidungsverfahrens hängen vom Streitwert ab. Dieser errechnet sich aus Ihrem Einkommen, Ihrem Vermögen und – wenn Sie sich gerichtlich auch über Folgesachen streiten – auch aus dem Wert dieser Folgesachen.

Nach dem Streitwert richten sich die Höhe der Gerichtskosten und die Höhe der Anwaltskosten. Selbst wenn Sie sich einvernehmlich trennen, kommen schnell 2 000 bis 5 000 Euro Scheidungskosten zusammen. Liegt Ihr Streitwert beispielsweise bei 15 000 Euro, müssen Sie für Anwalt und Gericht knapp 2 500 Euro zahlen.

Gerichtskosten

Unter den Begriff der Gerichtskosten fallen die gerichtlichen Gebühren und Auslagen. Die Gerichtskosten werden nach dem Gerichtskostengesetz, der Kostenordnung und anderen Nebengesetzen erhoben. Meist richtet sich die Höhe der Gebühren nach dem Streitwert.

Da es bei der Scheidung keine »Gewinner« und »Verlierer« gibt, beschließt das Gericht im Regelfall, dass die Kosten des Verfahrens gegeneinander aufgehoben werden. Das heißt, dass Sie und Ihr Ex-Ehepartner die eigenen Anwaltskosten selbst tragen. Die Gerichtskosten dagegen werden zwischen Ihnen geteilt.

Mit der Einreichung des Scheidungsantrags bei Gericht müssen Sie als Antragssteller zunächst zwei Gerichtsgebühren zahlen.

Gerichtskosten werden meist im Voraus fällig. Einen Gerichtskostenrechner finden Sie zum Beispiel kostenfrei unter: www.kostenrechner.finanztip.de.

Anwaltskosten

Die Berechnung der Anwaltskosten ist in einem besonderen Gesetz geregelt, dem Rechtsanwaltsvergütungsgesetz (RVG).

Kosten der ersten Beratung

Sie können bei jedem deutschen Rechtsanwalt, auch ohne ihn mit Ihrer Vertretung in Ihrem Scheidungsverfahren zu beauftragen, ein ausführliches erstes Gespräch führen. Darin können Sie grundlegende Fragen wie beispielsweise zu Ihrer Immobilie, Ihrer Rente oder zu Ähnlichem klären. Innerhalb der Rechtsanwaltsvergütung nennt man das »Erstberatung«.

> **Achtung!**
> Bei einer Erstberatung erhalten Sie noch keine Detailinformationen zu Ihrem konkreten Fall. Zur Erstberatung gehört nicht, dass der Rechtsanwalt sich erst sachkundig macht oder er die Beratung schriftlich zusammenfasst. (Bundesgerichtshof, Urteil vom 03.05.2007, Az.: I ZR 137/05)

Die Kosten für ein solches Erstberatungsgespräch regelt das Rechtsanwaltsvergütungsgesetz (§ 34 Abs. 1 RVG). Die Kosten für ein Erstgespräch liegen zurzeit bei maximal 190 Euro, allerdings zuzüglich Mehrwertsteuer. Für eine darüber hinausgehende Beratung oder für die Ausarbeitung eines schriftlichen Gutachtens dürfen die Kosten höchstens bei 250 Euro liegen.

> **Achtung!**
> Die konkrete Beratungsgebühr können Sie aber auch je nach individuellem Aufwand mit Ihrem Rechtsanwalt vereinbaren. Das wird sogar vom Gesetz gewünscht: Der Rechtsanwalt soll auf eine Gebührenvereinbarung hinwirken.

Seit dem 1. Juli 2006 können die Honorare für Rechtsanwälte frei verhandelt werden. Diese Neuregelung gilt allerdings nur für die außergerichtliche

Beratung. Dazu zählen alle Leistungen, die der Anwalt erbringt, bevor er den Kontakt mit der Gegenseite aufnimmt – also bevor Sie ein Mandat und damit eine anwaltliche Vertretung erteilen. Gleiches gilt für die Ausarbeitung eines Gutachtens oder die Tätigkeit als Mediator.

> **WISO rät**
> Bestehen Sie auf Ihrem Recht, und versuchen Sie, mit dem Anwalt eine Pauschalsumme zu verhandeln.

Egal, ob Sie mit Ihrem Anwalt eine pauschale Summe aushandeln oder einen Stundensatz vereinbaren, ein festgelegtes Honorar ist bindend. Wichtig ist, dass man das Honorar schon vor der Beratung festlegt und am besten schriftlich festhält.

Anwaltskosten im Scheidungsverfahren

Anwaltskosten berechnen sich aus der Anzahl von »Gebühren«, quasi Einheiten der Anwaltshonorierung, in Beziehung gesetzt zum Gegenstandswert.

Die Gebühren werden je nach Art der Tätigkeit berechnet. Berät ein Anwalt nur oder vertritt er Sie vor Gericht? Führt er Verhandlungen oder bewirkt er eine außergerichtliche Einigung? Je nach Umfang und Leistung fallen eine oder auch mehrere Gebühren an.

In einem Scheidungsprozess entstehen in der Regel mindestens zwei Anwaltsgebühren: die erste durch die Einreichung Ihres Scheidungsantrags, die zweite durch die sogenannte Verhandlungsgebühr, das Auftreten Ihres Anwalts vor Gericht. Meist kommt noch eine dritte Gebühr hinzu (Beweisgebühr), allein durch Ihre Anhörung, zum Beispiel zur Trennungszeit. Im Gegensatz zur außergerichtlichen Anwaltstätigkeit fallen bei einem Scheidungsprozess immer volle Gebühren an.

Der tatsächliche Zahlbetrag, also die konkrete Höhe einer »Gebühr«, richtet sich nach dem sogenannten Streitwert. Der Streitwert berechnet sich folgendermaßen:

Ihr Nettoeinkommen plus das Nettoeinkommen Ihres Partners mal drei. Zuzüglich 250 Euro für jedes unterhaltspflichtige Kind. Summe minus 25 Prozent (bei einvernehmlicher Scheidung). Plus 1 000 Euro, wenn auch der Versorgungsausgleich mit verhandelt wird.

Beispiel

Sie sind Beamtin mit einem Nettogehalt von 2000 Euro, Ihr Partner verdient exakt die gleiche Summe als Angestellter. Zusammen verfügen Sie also über 4000 Euro netto. Sie haben zwei gemeinsame Kinder.

Nettoeinkommen (4000 Euro × 3)	12000 Euro
zwei Kinder (250 Euro × 2)	+ 500 Euro
	12500 Euro
25 Prozent (bei einvernehmlicher Scheidung!)	− 3125 Euro
	9375 Euro
Versorgungsausgleich (1000 Euro)	+ 1000 Euro
Streitwert	*10375 Euro*

Streiten Sie sich mit Ihrem Ex-Partner auch noch über den Zugewinn, das Sorgerecht oder den Unterhalt, fließt das ebenfalls in die Streitwertberechnung mit ein.

Beim Zugewinn wird vom Vermögen zunächst für Sie, Ihren Partner und die Kinder ein Freibetrag abgezogen. Die Höhe dieser Freibeträge wird von Ihrem Gericht festgesetzt. Meist gilt ein Freibetrag in Höhe von 10000 bis 15000 Euro für Ehegatten und 5000 bis 7500 Euro pro Kind. Der Streitwert des Zugewinns sind 5 Prozent des dann noch verbleibenden Vermögens.

Bei Sorgerechtsstreitigkeiten wird der Streitwert meist auf 800 Euro festgelegt, Gleiches gilt für das Verfahren rund um das Besuchsrecht. Beim Unterhalt nimmt man als Streitwert den Jahresbetrag des Unterhalts, beim Streit um die gemeinsame Mietwohnung die Jahresmiete, beim Hausrat dessen geschätzten Wert.

WISO rät

Da die Anwalts- und auch die Gerichtskosten mit zunehmender Höhe des Streitwerts relativ gesehen immer preiswerter werden, empfiehlt es sich, alle Streitigkeiten zusammen vor Gericht zu verhandeln.

Zu den reinen Anwaltskosten kommen noch Auslagen wie Porto oder Telefon dazu, die meist pauschal mit 20 bis 50 Euro berechnet werden. Auf die

Anwaltskosten und die Auslagen wird am Ende noch 19 Prozent Umsatzsteuer aufgeschlagen.

In gerichtlichen Verfahren dürfen Anwälte nicht niedriger abrechnen, als die gesetzliche Gebührentabelle das vorsieht. Sie können mit dem Anwalt also nicht über niedrigere Gebühren verhandeln. Aber Ihr Anwalt kann Ihnen die Kosten, die im schlimmsten Fall entstehen, ausrechnen. Dann können Sie entscheiden, ob Sie das Kostenrisiko eingehen wollen oder nicht.

WISO rät

Sie sollten vorsorglich die ermittelten Anwaltskosten verdoppeln. Denn falls Sie den Prozess verlieren, müssen Sie auch die Anwaltskosten Ihres Gegners tragen.

Wie hoch die Anwaltskosten bei Ihrem Streitwert am Ende wirklich sind, können Sie kostenfrei im Internet ermitteln, zum Beispiel unter: www. anwalt-suchservice.de.

Für außergerichtliche Tätigkeiten kann die Höhe der Gebühren variieren. Der Anwalt kann nach dem RVG-Gebührenrahmen für die außergerichtliche Tätigkeit beispielsweise eine halbe Gebühr, aber auch maximal eine 2,5-fache Gebühr berechnen. Bei normaler Tätigkeit mit üblichem Aufwand darf nicht mehr als eine 1,3-fache Gebühr zugrunde gelegt werden. Wenn ein Anwalt bewusst zu viel abrechnet, riskiert er, sich wegen sogenannter Gebührenüberhebung strafbar zu machen.

Vergütungsvereinbarung

Sie können mit Ihrem Rechtsanwalt mittels einer Vergütungsvereinbarung individuell die Kosten festlegen (§ 3a RVG), denn viele Rechtsanwälte schöpfen den Gebührenrahmen nicht aus.

Allerdings kann eine niedrigere als die gesetzliche Vergütung nur für außergerichtliche Tätigkeiten vereinbart werden. Die Vergütung muss zudem immer in einem angemessenen Verhältnis zu Leistung, Verantwortung und Haftungsrisiko des Rechtsanwalts stehen.

Bei der Bestimmung der zu vereinbarenden Honorarhöhe können folgende Kriterien eine Rolle spielen:

• Wie schwer ist die Rechtsfrage?
• Handelt es sich um ein juristisches Spezialgebiet?

- Welche Bedeutung hat die Angelegenheit für Sie?
- Wie hoch sind die Fixkosten der Kanzlei?

Prozesskostenhilfe/Beratungshilfe

Sind Sie nach Ihren persönlichen und wirtschaftlichen Verhältnissen nicht in der Lage, die Kosten der Prozessführung aufzubringen – oder nur zum Teil oder nur in Raten –, erhalten Sie auf Antrag Prozesskostenhilfe. Ihre beabsichtigte Rechtsverfolgung oder Rechtsverteidigung muss allerdings hinreichend Aussicht auf Erfolg bieten (§ 114 ZPO).

Sind Sie also beispielsweise Student oder Geringverdiener, haben Sie Anspruch auf Prozesskostenhilfe und damit auch auf Beratungshilfe. Gleiches gilt, wenn Sie hohe Schulden haben. Die Prozesskostenhilfe übernimmt die Gerichtskosten, die anwaltliche Beratung und – falls notwendig – die weiteren Anwaltskosten während des Prozesses.

Achtung!

Sie haben auch dann einen Anspruch auf Prozesskostenhilfe, wenn bereits Ihr Ehepartner im gleichen Prozess Prozesskostenhilfe genehmigt bekommen hat.

Wird Ihnen Prozesskostenhilfe zugebilligt, entfallen die Gerichtsgebühren und meist auch Ihre Anwaltskosten. (Für die Beratung ist nur noch eine Gebühr von 10 Euro zu übernehmen.) Wer Hartz IV bezieht, muss in der Regel gar nichts zahlen.

Voraussetzung für die Bewilligung von Prozesskosten- und Beratungshilfe in einem Scheidungsverfahren ist:

- Bedürftigkeit
- Das Trennungsjahr muss bereits abgelaufen sein.
- Ihr Ehegatte darf kein wesentlich höheres Einkommen haben als Sie (sonst muss er möglicherweise dafür aufkommen).

Ein paar Sätze noch zum Thema Bedürftigkeit: Hier wird der Unterhalt mitgerechnet, den Sie von Ihrem Partner erhalten. Ein weiterer Ausschlussgrund ist verwertbares Vermögen. Bevor der Staat zahlt, müssen Sie solches Vermögen erst für die Kosten Ihrer Scheidung einsetzen. Ausnahmen sind geringe Barbeträge, die selbst bewohnte Immobilie und Vermögen, das der oder einer angemessenen Altersvorsorge dient.

Achtung!

Hat Ihr Partner ein hohes Einkommen oder ist er vermögend, kann das Gericht bestimmen, dass Ihr Partner Ihnen einen Prozesskostenvorschuss leisten muss, den Sie an das Gericht und den Anwalt weiterleiten.

Im Internet können Sie kostenlos ein Programm herunterladen, mit dessen Hilfe Sie in Erfahrung bringen können, ob Sie Anspruch auf Prozesskostenhilfe haben. Sie finden es unter: www.pkh-fix.de.

Prozesskostenhilfe beantragen Sie (oder Ihr Anwalt) beim für Sie zuständigen Amtsgericht.

Anwalt und Mediation

Das Scheidungsverfahren ist nicht nur nervenaufreibend – es kostet auch Zeit und Geld. Zwar lässt sich in Deutschland vieles auch ohne Anwalt und Gericht regeln, doch kann eine Scheidung nicht ganz ohne Anwalt vonstatten gehen. Hier den richtigen zu finden ist nicht immer einfach: Worauf ist bei der Anwaltssuche zu achten? Sind Prädikatsanwälte grundsätzlich »besser« als andere Anwälte? Was tun, wenn der Anwalt schlampig arbeitet? Für die Beantwortung dieser Fragen soll Ihnen das folgende Kapitel eine Hilfestellung geben.

Oft jedoch lässt sich eine Klärung auch ganz ohne anwaltlichen Beistand herbeiführen, etwa durch Mediation. Auch hier können Sie einiges sparen.

Der Gang zum Anwalt

Der Schritt, wirklich zum Anwalt zu gehen, ist für Sie wahrscheinlich einer der schwersten Ihres Lebens. Dabei spielt es keine Rolle, ob Sie diesen Gang vor der Trennung wagen, um sich zu informieren, oder ob Sie den Anwalt nach dem Trennungsjahr bitten, bei Gericht die Scheidung für Sie einzureichen. Irgendwie hat man das Gefühl, damit das Scheitern der eigenen Ehe öffentlich zu machen.

Doch auch wenn Sie so weit sind, über Ihre Ehekrise mit einem Anwalt zu reden, stellt sich die Frage: Welchen Anwalt nehme ich? Nur wenige haben in ihrem Bekanntenkreis einen Fachanwalt für Familienrecht. Alle anderen müssen sich überlegen, wo sie suchen. Im Internet? Im Telefonbuch? Oder greift man auf eine Empfehlung aus dem Freundeskreis zurück? Doch dafür müssen Sie sich zunächst bei Ihren Freunden »outen«.

WISO rät

Wenn Ihnen ein Bekannter einen Anwalt empfiehlt, gehen Sie darauf ein. Alle anderen wären Ihnen ebenfalls fremd und so haben Sie – vielleicht – ein besseres Gefühl. Das ist im Verlauf des Verfahrens enorm wichtig.

Eines sollte Ihnen klar sein: Sie müssen Ihrem Anwalt a) voll vertrauen und ihm b) über alles in voller Ehrlichkeit Auskunft geben.

Achtung!

Anwälte unterliegen der Schweigepflicht – egal, welches Rechtsgebiet sie bearbeiten. Die Rechtsanwaltsgehilfen/-innen und Sekretariatsangestellten übrigens auch. Das heißt, auch wenn Ihnen von einem Freund ein Anwalt empfohlen wird, brauchen Sie keine Angst zu haben, Ihr Freundeskreis erführe aus der Kanzlei intime Details Ihres Ehelebens.

Der erste Anwaltsbesuch

Nicht nur für die persönlichen Gespräche, auch für telefonische Beratungen gilt: Je besser Sie vorbereitet sind, desto besser kann der Anwalt für Sie arbeiten.

WISO rät

Vor der Beratung sollten Sie sich die wesentlichen Fakten stichwortartig aufschreiben, um den Fall ausführlich und verständlich darstellen zu können. Listen Sie alle infrage kommenden Zeugen auf.

Je detaillierter Sie Ihren Fall schildern können, desto besser kann der Anwalt ihn bearbeiten. Verschweigen Sie nichts. Selbst Einzelheiten, die Ihnen unwichtig oder sogar schädlich erscheinen, können wichtige Hinweise für die Vorgehensweise Ihres Anwalts sein.

Machen Sie sich Gedanken darüber, welche Aufgaben Sie eventuell selbst erledigen können und welche Sie dem Anwalt überlassen möchten.

Bringen Sie zum ersten Gespräch alle Unterlagen, Urkunden und Schreiben mit, die relevant sein könnten. Dann kann viel schneller der Scheidungsantrag bei Gericht gestellt werden, und es spart Ihnen und dem Anwalt Zeit (und Geld). Was Sie mitbringen sollten:

- Heiratsurkunde und Familienstammbuch
- Geburtsurkunde der Kinder
- Ehevertrag oder andere Verträge zwischen Ihnen und Ihrem Partner
- Mietvertrag (oder Eigentümernachweis Haus/Wohnung)
- Versicherungspolicen (auch diejenigen, die seit dem Trennungsjahr nur Sie betreffen)
- Konten-, Aktien- und Wertpapierdepotauszüge
- Grundbuchauszüge bei Immobilienbesitz
- Kfz-Brief
- Liste sonstigen Vermögens (Schmuck, Sammlungen etc.)
- Auflistung der Kredite
- Gehaltsbescheinigung beziehungsweise letzten Einkommenssteuerbescheid (bei Freiberuflern oder Selbstständigen: Einkommensaufstellung, Gewinn-Verlust-Rechnung, Aufstellung des Firmenvermögens etc.)
- Kopien der Rechnungen für die Lebenshaltungskosten (beispielsweise Miete, Strom, Wasser, Telefon etc.)
- Schriftverkehr über Trennung und Scheidung

Vertrauensverhältnis

Sie sollten ein gutes Verhältnis zu Ihrem Anwalt haben, denn schließlich vertrauen Sie ihm Ihre privaten Probleme an.

Daher ist es sinnvoll, sich vorab über die infrage kommenden Anwälte zu informieren. Wenn Sie über das Telefonbuch, über Suchdienste oder Anzeigen einige Anwälte gefunden haben, rufen Sie sie ruhig an und erkundigen Sie sich nach ihren Erfahrungen auf dem für Sie relevanten Gebiet. Sie können auch die Homepage der Anwälte besuchen und sich schon einmal Profile, Lebensläufe und die Art der Präsentation anschauen und so eine persönliche Vorauswahl treffen. Sprechen Sie beim ersten Kontakt auch die möglichen Kosten an. Vergleichen Sie alle Antworten und machen Sie mit dem Anwalt, der Ihnen am meisten zusagt, einen Termin aus.

WISO rät

Vertrauen Sie auf Ihr Gefühl: Stimmt die Chemie zwischen Ihnen und dem Anwalt, oder haben Sie ein ungutes Gefühl?

Folgende Kriterien sollte der Anwalt erfüllen:

- Er sollte sich Zeit für Sie nehmen.
- Er sollte Ihnen vor der ersten Beratung mitteilen können, welche Unterlagen mitzubringen sind.
- Er sollte in der Besprechung Ihre Akte und Ihren Fall parat haben.
- Er sollte sofort auf Anrufe reagieren.
- Er sollte Ihren Standpunkt nachvollziehen können.
- Er sollte Ihre Motivation erforschen.
- Er sollte keine vorschnellen Zusagen abgeben.
- Seine Kanzlei sollte gut organisiert sein.
- Er sollte Sie über alle Vorgänge auf dem Laufenden halten.
- Die Bearbeitungszeit sollte nicht unnötig lang sein.

> **Achtung!**
> Bei Zivilprozessen, in denen es um einen Streitwert unter 5000 Euro geht, kann man sich auch selbst vertreten.

Wenn Schwierigkeiten auftreten

Auch für Anwälte gilt leider: Nobody is perfect. Klassische Fehler sind beispielsweise das Versäumen einer Frist oder die Nichtbeachtung einer Verjährung.

Bei folgenden Verhaltensweisen Ihres Anwalts sollten Sie stutzig werden:

- Wenn er die Sache schleifen lässt und nur dann tätig wird, wenn Sie ihn wiederholt dazu auffordern.
- Wenn er Beweise erst dann sammelt, wenn Sie ihn darauf hinweisen.
- Wenn er Ihnen nicht regelmäßig unaufgefordert wichtige Dokumente und Schriftstücke zurückschickt.
- Wenn er Sie nicht über das, was er tut beziehungsweise plant, informiert.
- Wenn er gelegentlich Fristen versäumt und sich blind auf sein Büropersonal verlässt.
- Wenn er Verhandlungen mit dem Gegner ablehnt oder sie nicht richtig führt.
- Wenn er, ohne über Kosten zu reden, einen Streit vor Gericht anstrebt statt eines Vergleichs.

Wenn Sie mit den Leistungen Ihres Anwalts nicht zufrieden sind, sollten Sie zunächst mit ihm darüber reden. Falls er darauf nicht reagiert, sollten Sie ihn in schriftlicher Form um eine Lösung des Problems bitten. Setzen Sie ihm eine angemessene Frist, üblich sind zwei Wochen.

Bei Versäumnissen des Anwalts gibt es die Möglichkeit, sich bei der zuständigen Rechtsanwaltskammer zu beschweren. Die Kammer fordert dann von dem Anwalt eine Stellungnahme. Hat der Anwalt seine Berufspflicht verletzt, riskiert er eine Rüge der Rechtsanwaltskammer.

Bei gravierenden Schwierigkeiten können Sie auch das Mandatsverhältnis kündigen und einen neuen Anwalt mit Ihrem Fall beauftragen. Aber Vorsicht: Den bereits angefallenen Arbeitsaufwand müssen Sie Ihrem bisherigen Anwalt trotzdem bezahlen.

Haftung des Anwalts

Wie jeder Dienstleister haftet auch jeder Anwalt für sein Tun und seine beruflichen Fehler, auch Ihr Anwalt für die ordnungsgemäße Erfüllung Ihres Scheidungsverfahrens.

Achtung!
Ihr Anwalt muss sich auf Ihre Angaben verlassen können. Er ist nicht zur Recherche verpflichtet, ob Ihre Angaben auch der Wahrheit entsprechen. Für fehlerhafte oder gar manipulierte Unterlagen haften ausschließlich Sie selbst – nötigenfalls auch strafrechtlich. Nur bei Widersprüchen in Ihren Angaben ist er verpflichtet, weiter nachzuforschen.

Wenn der Anwalt seine Berufspflichten verletzt hat und Ihnen dadurch ein Schaden entstanden ist – zum Beispiel wenn Sie einen Prozess verlieren, den Sie bei sachgemäßer Vertretung gewonnen hätten –, können Sie Schadenersatz verlangen. Dazu müssen Sie ihm seine Fehler allerdings nachweisen; am besten fordern Sie Ihren Anwalt zu einer schriftlichen Stellungnahme zu Ihren Vorwürfen auf.

Indizien für Anwaltsfehler sind Klageabweisungen mit folgenden Formulierungen: »Die Klage ist unzulässig« oder »Abweisung der Klage wegen verspäteten Vorbringens«. Auch wenn ein Anwalt seinen Mandanten falsch oder unvollständig über das Risiko eines Prozesses aufklärt, kann der Anwalt möglicherweise für den Schaden haften, der mit einem verlorenen Prozess verbunden ist.

Jeder Rechtsanwalt muss für solche Fälle eine Berufshaftpflichtversicherung abgeschlossen haben. Nach drei Jahren verjähren allerdings mögliche Schadenersatzsprüche (§ 195 BGB).

> **Achtung!**
> Sie können Ihren Anwalt nicht mehr in Regress nehmen, wenn die drei Jahre verstrichen sind. Auch dann nicht, wenn Sie überhaupt keine Kenntnis von Ihren Rechten hatten.

Um die durch den Anwaltsfehler verloren gegangenen Ansprüche durchzusetzen, sollten Sie Rechtsrat bei einem anderen Anwalt einholen und ihn zur Kündigung des Mandatsverhältnisses befragen. Wichtig ist, dass Sie den gesamten Schriftverkehr mit Ihrem ehemaligen Anwalt vorlegen können und alle Fakten nennen. Verschweigen Sie nicht eigene Fehler!

> **Achtung!**
> Das Honorar des Anwalts, der mit der Schadensregulierung beauftragt wird, gehört zum entstandenen Schaden, sodass keine zusätzlichen Kosten entstehen, wenn der Schadensfall anerkannt wird.

Wenn durch einen Fehler des Anwalts ein ungünstiger Scheidungsbeschluss ergeht, kann der Prozess durch ein Rechtsmittel eventuell noch gerettet werden. Der Anwalt haftet erst dann für einen Schaden, wenn dieser endgültig eintritt. Vorher muss versucht werden, den Prozess noch zu retten.

Wollen Sie nicht gleich vor Gericht ziehen, können Sie auch zunächst mit der zuständigen Rechtsanwaltskammer Kontakt aufnehmen. Die Rechtsanwaltskammern haben bei Schäden, die durch Verschulden des Anwalts entstehen, zwar keine Entscheidungsbefugnis, doch können sie immer versuchen, zwischen Ihrem Anwalt und Ihnen zu vermitteln.

Der Entzug des Mandats

Ändert sich im Verlauf des Scheidungsverfahrens Ihr Bild von Ihrem Anwalt, können Sie jederzeit zu einem anderen wechseln. Sie sind immer berechtigt, Ihrem Anwalt das Mandat zu entziehen, und zwar zu jedem Zeitpunkt des Verfahrens. Wichtig ist, dass Sie das Mandat schriftlich entziehen. Sie können dies selbst tun oder Sie können Ihren »neuen« Anwalt damit beauftragen. Ihr »alter« Anwalt ist in beiden Fällen verpflichtet, alle Unterlagen zu Ihrem Verfahren Ihnen beziehungsweise Ihrem neuen Anwalt zur Verfügung zu stellen.

Achtung!
Beauftragen Sie einen zweiten Anwalt, können Mehrkosten auf Sie zukommen. Denn meist verlangt der alte Anwalt noch seine ausstehenden Kosten. Wollen Sie die nicht zahlen, wird er klagen. Oder Sie haben einen Vorschuss geleistet, den Sie zurückhaben möchten, weil Sie der Ansicht sind, dass der »alte« Anwalt bis jetzt schlechte Arbeit geleistet habe.

Für Sie wird es in der Regel schwer sein, die mangelhafte Arbeit zu beweisen. Das liegt daran, dass Sie Ihren Anwalt grundsätzlich nicht mit Einzelaufgaben beauftragen. Wann er zum Beispiel einen Brief losschickt, ist seine Sache – er muss ihn nur fristgerecht versenden. Das Mandat, das Sie ihm erteilt haben, ist ein Auftrag zu den unterschiedlichsten Dienstleistungen, und die werden von einem Anwalt selbstständig geplant. Ihr Anwalt ist in der konkreten Realisierung seines Mandates weitgehend frei.

Wie findet man einen guten Anwalt?

Wie finden Sie einen guten Anwalt? Eine wirklich schwierige Frage, schließlich ist neben der fachlichen Kompetenz auch die persönliche Sympathie hier wichtig. Gerade bei einem so heiklen, privaten Thema sollte eine Vertrauensbasis vorhanden sein. Erkundigen Sie sich am besten zunächst bei Ihren Freuden und Bekannten nach einer guten Adresse. Das ist meist der erfolgversprechendste Weg.

Anwalt oder Fachanwalt?

Ob ein »gewöhnlicher« Anwalt oder ein Fachanwalt für Familienrecht Sie besser berät, kommt natürlich auf den Anwalt im Einzelfall an. Aber auch auf Sie selbst, denn nicht jeder fühlt sich bei demselben Anwalt gleich wohl. Gerade im Familienrecht beziehungsweise während des Scheidungsverfahrens legen Sie viel Persönliches offen.

Die fachliche Kompetenz ist bei einem Fachanwalt für Familienrecht zumindest gegeben. Um diese Zusatzqualifikation zu erwerben, muss der Anwalt als Grundvoraussetzung bereits mehrere Jahre zugelassen sein. Zudem muss er eine Zusatzausbildung mit Abschlussprüfungen machen und daneben innerhalb von drei Jahren mindestens 120 familienrechtliche Fälle behandelt haben. Nur dann darf er sich Fachanwalt für Familienrecht nennen. Um diesen Titel danach nicht zu verlieren, verlangt die Rechtsanwaltskammer, dass sich der Fachanwalt jährlich auf diesem Rechtsgebiet fortbildet.

Achtung!
Der Fachanwalt für Familienrecht ist nicht teurer als der normale Anwalt, sondern rechnet mit demselben Gebührensatz ab. Es sei denn, Sie einigen sich auf eine Honorarvereinbarung.

Tätigkeitsschwerpunkt / Interessenschwerpunkt

Manche Anwälte werben mit dem Begriff »Tätigkeitsschwerpunkt«. Doch was steckt dahinter? Ein Anwalt darf diese Bezeichnung nur führen, wenn er seit seiner Zulassung auf einem bestimmten Gebiet mindestens zwei Jahre lang »nachhaltig« tätig gewesen ist. So schreibt es die Berufsordnung für Rechtsanwälte vor. Diese Angaben beruhen aber überwiegend auf der Selbsteinschätzung des jeweiligen Anwalts.

Die Werbung »Anwalt mit Interessenschwerpunkt Familienrecht« bedeutet lediglich, dass der Anwalt sich für dieses Gebiet besonders interessiert. Diese Bezeichnung ist also kein Qualitätsnachweis.

Selbstverständlich kann aber auch ein Anwalt, der das gefragte Rechtsgebiet nur als Interessenschwerpunkt hat, ein guter Anwalt sein.

Zertifizierung

Seit einiger Zeit gibt es vom Deutschen Institut für Normung – vergleichbar den DIN-Normen für Elektrogeräte – eine Qualitätssicherung für Dienstleistungsberufe. Auch Rechtsanwälte können sich der Zertifizierung nach DIN »EN ISO 9001« unterziehen.

Doch was heißt das konkret? Ist das für Sie auf der Suche nach einem Anwalt wichtig? Das Zertifikat bedeutet, dass die Kanzlei beziehungsweise Sozietät systematisch und kundenorientiert gegliedert ist und dementsprechend geführt wird. Es geht also um den Büroablauf, um die Arbeitsfunktion innerhalb einer Kanzlei.

Es existieren acht Kriterien bei der Prüfung des Qualitätsmanagements der Kanzlei (etwa durch die DEKRA oder den TÜV):

- Kundenorientierung
- Verantwortlichkeit der Führung
- Einbeziehung der beteiligten Personen
- Prozessorientierter Ansatz
- Systemorientierter Managementansatz
- Kontinuierliche Verbesserung
- Sachbezogener Entscheidungsfindungsansatz
- Lieferantenbeziehungen zum gegenseitigen Nutzen

Selbstverständlich garantiert Ihnen die Zertifizierung keinen erfolgreichen Scheidungsprozess. Bei der Auswahl Ihres Rechtsanwalts kann die Zertifizierung aber durchaus ein nicht unwichtiger Hinweis darauf sein, dass Ihr Favorit bereit ist, sich regelmäßigen externen Überprüfungen von Fachleuten auszusetzen. Das allein spricht für ein ausgeprägtes Selbstbewusstsein, was sicherlich für die Durchsetzung Ihrer Interessen förderlich ist.

Prädikatsanwalt

Für Ihre Entscheidung bei der Auswahl des für Sie »richtigen« Scheidungsanwalts gibt es seit einiger Zeit nun noch einen weiteren Maßstab: den des »Prädikatsanwalts«.

Bei weitem nicht jeder deutsche Jurist schließt seine universitäre Laufbahn mit einem sogenannten Prädikatsexamen, also mit einer besonders guten Note ab. Diejenigen jedoch, die dies erreicht haben, können in den »Club der Prädikatsanwälte« aufgenommen werden. Völlig dahingestellt bleibt allerdings, ob ein besonders guter universitärer Abschluss auch auf einen besonders guten Juristen im Alltag schließen lässt. Kriterien für den Prädikatsanwalt sind:

- Prädikatsexamen,
- Fachanwaltstitel,
- fünf Jahre Berufserfahrung.

Der Titel ist in der Anwaltsbranche nicht unumstritten. Mittlerweile scheint sogar fraglich, ob mit diesem weiterhin geworben werden darf.

Hierzu hat sich das Landgericht Regensburg geäußert: Ein juristischer Laie kann leicht annehmen, dass es sich beim Prädikatsanwalt um einen Spitzenjuristen handelt. Doch Prädikatsanwälte gibt es viele, daher würde der Laie mit der Werbung »Prädikatsanwalt« in die Irre geführt. (Landgericht Regensburg, Urteil vom 14.01.2009, Az.: 2 HK O 2062/08)

Dennoch: Für Sie kann es bei der Wahl des Anwalts Ihres Vertrauens ein weiteres Auswahlkriterium sein.

Online-Anwalt

Wir leben im Zeitalter des Internets. Da liegt der Schluss nahe, dass Sie nicht mehr unbedingt einen Anwalt in seiner Kanzlei aufsuchen müssen, sondern mit ihm online korrespondieren, und dafür der Anwalt Ihr Anliegen bearbeiten kann, wann es ihm gerade terminlich am besten passt. Sie mailen ihm zu, was er für seine Arbeit benötigt, er schickt die meisten Anträge online ans Gericht weiter. Das spart Zeit und Geld.

> **Achtung!**
> Online-Anwälte benötigen die gleichen berufsrechtlichen Voraussetzungen und Zulassungen wie klassische Anwälte. Selbstverständlich gibt es auch Fachanwälte für Familienrecht, die online arbeiten.

Der Vorteil: Neben der Kostenersparnis haben Sie meist die Möglichkeit, Ihre Akte bei einem Online-Anwalt zu jeder Zeit via Internet (und Geheimzahl oder Kennwort) einzusehen. So erfahren Sie schnellstmöglich von jedem Schreiben, das Ihr Anwalt in Ihrem Fall losschickt.

Der Nachteil: Wer den persönlichen Kontakt mit seinem Anwalt sucht, ist bei einer solchen Kanzlei sicher nicht richtig aufgehoben.

Wir wollen an dieser Stelle nicht Werbung für die eine oder andere Internetseite machen; geben Sie einfach in einer Suchmaschine den Begriff »Scheidungsanwalt« ein – und Sie haben die Qual der Wahl.

Hilfe für die Anwaltssuche

Die Empfehlung von Freunden und Verwandten muss nicht unbedingt die beste für Sie sein, denn jeder Fall ist anders. Außerdem kann die Chemie zwischen dem Anwalt und Ihrem Bekannten gestimmt haben, was in Ihrem Fall jedoch ganz anders sein kann.

Machen Sie sich selbst auf die Suche, dann können Sie einen Blick ins Branchentelefonbuch werfen. Dort finden Sie die Anwälte alphabetisch nach Namen und Fachgebieten aufgelistet.

WISO rät

Rufen Sie beim örtlichen Anwaltverein an. Dort bekommen Sie Informationen, welche Anwälte auf welches Rechtsgebiet spezialisiert sind. Sie können sich gegebenenfalls auch jemanden empfehlen lassen.

Anwaltvereine Recherchieren können Sie auch im Internet. Bei der Online-Auskunft des Deutschen Anwaltvereins können Sie nach dem passenden Anwalt und nach dem entsprechenden Fachgebiet suchen. Alternativ können Sie sich dort auch telefonisch Anwälte nennen lassen. Der Deutsche Anwaltverein ist der Berufsverband der deutschen Anwälte. Die örtlichen Anwaltvereine vertreten die Interessen der Anwälte, die dort Mitglied sind, alle Vereine gehören dem Dachverband des Deutschen Anwaltvereins an:

Deutscher Anwaltverein
Littenstraße 11
10179 Berlin
Tel.: 030-72 61 52-0
Fax: 030-72 61 52-190
E-Mail: dav@anwaltverein.de
www.anwaltverein.de

Rechtsanwaltskammern Rechtsanwaltskammern geben zwar auch Adressen heraus, dürfen aber keine Empfehlungen aussprechen. Zum Hintergrund: Jeder Rechtsanwalt ist bei einer Rechtsanwaltskammer zugelassen. Im Bundesgebiet gibt es insgesamt 28 davon.

Die Rechtsanwaltskammer ist eine Körperschaft des öffentlichen Rechts und dient der Selbstverwaltung der Anwaltschaft. Sie gewährleistet damit die Unabhängigkeit der Anwaltschaft vor staatlicher Einflussnahme und sichert zugleich die hervorgehobene Stellung des Rechtsanwalts als unabhängiges Organ der Rechtspflege. Im Rahmen der Selbstverwaltung übt die Rechtsanwaltskammer Aufsichts- und Dienstleistungsfunktionen aus. Welche Rechtsanwaltskammer in Ihrer Region zuständig ist, erfahren Sie bei der Bundesrechtsanwaltskammer:

Bundesrechtsanwaltskammer
Littenstraße 9
10179 Berlin
Tel.: 030-28 49 39-0
Fax: 030-28 49 39-11
E-Mail: zentrale@brak.de
www.brak.de

Die Mediation

Zerbrechende Partnerschaften enden meist in Enttäuschung, Verletzung, Trauer, Wut, Streit, Vorwürfen und einer Gesprächsunfähigkeit. Anwälte ersetzen dann die Kommunikation zwischen Ihnen. Es wird um Vermögenswerte und Unterhalt gekämpft, und Ihre Kinder werden schnell zu Streitobjekten vor Gericht.

Mediation ist ein Mittel der friedlichen Konfliktlösung. Sie sollen mithilfe eines neutralen Dritten – eines Mediators – auch in schwierigen Lebenssituationen Konflikte regeln und eigene Entscheidungen mit Ihrem Partner treffen. Sie und Ihr Partner bestimmen dabei, über welche Themen Sie sprechen möchten und welche Probleme Sie für die Zukunft regeln wollen. Denken Sie daran: Gerade wenn Kinder im Spiel sind, bleiben Sie – zumindest bis die Kinder groß sind – mit Ihrem Partner beziehungsweise Ex-Partner in Kontakt – gezwungenermaßen.

Die Ergebnisse der Mediation sind nicht »richtig« oder »falsch«, sondern dann gut, wenn sie von Ihnen als fair und stimmig erlebt werden und nicht *über* Ihre Kinder, sondern *für* Ihre Kinder verhandelt wurde. Das Ziel der Mediation ist eine Einigung zwischen Ihnen, die bei einer gerichtlichen Entscheidung eine tragfähige Grundlage für den künftigen Umgang miteinander und für die gemeinschaftliche Verantwortung für die Kinder bietet.

Am Ende einer Mediation sollten Ihre Vereinbarungen schriftlich und rechtsverbindlich festgehalten werden. Hierbei werden oft Anwälte eingeschaltet, bei Bedarf wird die Vereinbarung auch notariell beurkundet.

Achtung!

Der Beruf »Mediator« ist nicht geschützt. Erkundigen Sie sich beispielsweise bei der Bundesarbeitsgemeinschaft für Familienmediation (BAFM), die selbst die Ausbildung zum Mediator anbietet. Häufig sind Mediatoren Juristen oder Leute aus psychosozialen Berufen wie Psychologen oder Sozialarbeiter, die sich zum Mediator fortbilden.

Wie viele Sitzungen benötigt werden, hängt von Ihnen ab. In der Regel sind es zwischen drei und acht Sitzungen. Sie können aber auch jederzeit aus der Mediation wieder aussteigen.

Die Abrechnung erfolgt normalerweise nach Stundensätzen, bei Beratungsstellen teils auf Spendenbasis. Deshalb kann ein einheitlicher Honorarsatz nicht genannt werden – er kann zwischen 50 und 250 Euro pro Sitzung liegen. Vergewissern Sie sich deshalb zu Beginn, mit welchen Kosten Sie rechnen müssen.

WISO rät

Familienberatungsstellen bieten häufig für wenig Geld oder sogar kostenlos eine Mediation an.

Das neue Verfahrensrecht in Familiensachen

Zum 1. September 2009 ist ein neues Verfahrensrecht in Familiensachen in Kraft getreten. Das gerichtliche Verfahren wird erstmals in einer einzigen Verfahrensordnung zusammengefasst und vollständig neu geregelt. Die vielleicht wichtigsten Punkte: Es gibt jetzt sogenannte »Große Familiengerichte« für alle familienrechtlichen Streitigkeiten. Und: Kinder haben jetzt in Scheidungsstreitigkeiten mehr Rechte.

Es ist ein Wortungetüm, das »Gesetz über das Verfahren in Familiensachen und in den Angelegenheiten der freiwilligen Gerichtsbarkeit (FamFG)«. Es wurde im Juni 2008 als Teil des Reformgesetzes (FGG-Reformgesetz oder FGG-RG) vom Bundestag verabschiedet, am 19. September passierte es den Bundesrat.

Durch das FamFG werden alle Familiensachen jetzt in einer einzigen Verfahrensordnung zusammengefasst. Das bisherige Gesetz über die Angelegenheiten der freiwilligen Gerichtsbarkeit (FGG) sowie Teile der Zivilprozessordnung werden ersetzt, soweit diese familienrechtliche Verfahren regelten wie Unterhalt, Adoptionsangelegenheiten oder die Vaterschaftsfeststellung. (Wenn Sie das neue Familienverfahrensgesetz im Wortlaut nachlesen möchten, finden Sie es im Bundesgesetzblatt Jahrgang 2008: Teil I, Nr. 61, S. 2586ff.)

Die Gründe für das neue Verfahrensrecht

Das Familienrecht hat sich im Lauf der Jahre zu einem großen eigenen Rechtsgebiet entwickelt. Allein die Scheidungsrate steigt stetig an: Heute werden rund 40 Prozent aller Ehen in Deutschland geschieden. Bisher waren Familienangelegenheiten beispielsweise in der Zivilprozessordnung, im Gesetz über die Angelegenheiten der freiwilligen Gerichtsbarkeit, in der Hausratsverordnung sowie in weiteren Gesetzen geregelt. Diese Streuung sollte reduziert werden. Durch das neue Gesetz werden die einzelnen Vorschriften zu Familienangelegenheiten gebündelt und noch weiter konkretisiert. Es werden mit dem neuen Recht die Möglichkeiten verbessert, familiäre Auseinandersetzungen gerichtlich so fair und schonend wie möglich auszutragen.

Das zeigt sich auch an neuen Begriffen: anstelle des Scheidungsurteils steht jetzt der Scheidungsbeschluss und Kläger und Beklagte wurden zu Beteiligten des Verfahrens.

Neue Gerichte

1976 wurden in Deutschland die Familiengerichte als Fachabteilungen der Amtsgerichte eingeführt. Sie waren neben allen Ehe-, Scheidungs- und Unterhaltsstreitigkeiten auch in Fragen der elterlichen Sorge zuständig. Daneben blieben aber zum Beispiel die Vormundschaftsgerichte bestehen, die weiterhin etwa über Adoptionen zu entscheiden hatten.

Durch die Reform werden jetzt »große Familiengerichte« gebildet, die alle Rechtstreitigkeiten regeln, die mit Ehe und Familie zu tun haben. Das Vormundschaftsgericht wird aufgelöst. Dessen Aufgaben werden jetzt vom Familiengericht und dem neu einzuführenden Betreuungsgericht übernommen. Letzteres wird für Betreuungsverfahren, Unterbringungsangelegenheiten und sonstige Maßnahmen bis hin zum möglichen Freiheitsentzug zuständig sein.

Änderungen in Kindschaftssachen

Die Belange der Kinder werden im neuen Recht besonders berücksichtigt. Sie erhalten einen besonderen Schutz und mehr Rechte im Verfahren, sind sie doch häufig die Opfer familiärer Konfliktsituationen. Die Verfahrensreform beschäftigt sich im Wesentlichen mit dem Sorge- und Umgangsrecht. Die Eltern werden angehalten, sich rechtzeitig vor dem Scheidungsantrag Gedanken hinsichtlich einer Regelung zu machen. Im Streitfall soll das Gericht versuchen, eine einvernehmliche Lösung zu finden. Das Kindeswohl steht im Mittelpunkt – ist es nach Ansicht des Geichts gefährdet, muss dieses Maßnahmen ergreifen. Wichtig ist, dass bei all den (Rechts-)Streitigkeiten der Kontakt zwischen den Eltern und dem Kind nicht abbricht, sondern so weit wie möglich aufrechterhalten bleibt.

Erklärung über die elterliche Sorge

Als Antragsteller einer Scheidung müssen Sie nun eine Erklärung abgeben, ob Sie sich mit Ihrem Noch-Ehepartner auf eine Regelung in folgenden Punkten einigen konnten (§ 133 Abs. 1 FamFG):

- Elterliche Sorge
- Umgangsrecht
- Unterhaltspflicht
- Hausrat

In dieser »Erklärung über die elterliche Sorge« sollen Sie auch angeben, ob Sie bereits den Ehegattenunterhalt geregelt haben und sich über den Umgang mit der Ehewohnung sowie dem Hausrat einig sind.

Mithilfe dieser Erklärung über die elterliche Sorge sollen sich die Eheleute bewusst werden, was alles bei einer Scheidung geregelt werden muss und über welche Punkte Sie sich am besten im Vorfeld friedlich einigen sollten. Daneben sind die Auskunftspflichten für die Ehepartner erweitert worden. Damit können die Einkommens- und Vermögensverhältnisse im Unterhaltsverfahren schneller geklärt werden.

Überprüfungspflicht des Gerichts

Durch die Gesetzesreform kommt dem Familiengericht nun die Pflicht zu, in Fällen, in denen das Kindeswohl gefährdet scheint, seine eigene Entscheidung nach drei Monaten noch einmal zu überprüfen. Diese Frist dient als Anhaltspunkt, sie darf vom Gericht verkürzt oder auch verlängert werden. Hiermit soll sichergestellt werden, dass Eltern, die beim Gerichtstermin nur eine »einvernehmliche Show« präsentiert haben, im Alltag aber nicht das Kindeswohl berücksichtigen, damit auf Dauer nicht durchkommen.

Hat das Gericht Zweifel, dass die getroffenen Regelungen dem Kindeswohl entsprechen, kann es auch bei Angelegenheiten der elterlichen Sorge

- einen Erörterungstermin ansetzen,

- dazu das Jugendamt laden und
- die Teilnahme der Eltern anordnen.

Kindeswohlgefährdung

Bisher hatten die einschlägigen Paragraphen zur Kindeswohlgefährdung genau festgelegt, wann diese vorliegt. Es wurden »Vernachlässigung«, »unverschuldetes Versagen der Erziehungsberechtigten«, »unzureichender Schutz vor Dritten« sowie »missbräuchliche Ausübung der elterlichen Sorge« genannt.

Im Verfahrensablauf hatten die Richter eine dieser Ursachen festzustellen, um im Weiteren von einer Kindeswohlgefährdung ausgehen zu können. Diese Konkretisierungen wurden in der Neufassung des Gesetzes nicht übernommen. Im neuen Recht kommt es nur noch auf die aktuelle Situation des Kindes an, um eine Kindeswohlgefährdung festzustellen. Es muss nicht mehr in der Vergangenheit geforscht und Ursachen festgestellt werden, es genügen Tatsachen in der aktuellen Situation.

Der Eingriff in das elterliche Sorgerecht ist damit kein Abrechnen mehr mit den Leistungen der Eltern aus der Vergangenheit, sondern eine Prognose für die Zukunft des Kindes. Es gilt für die Richter, nur noch die Fragen zu beantworten:

- Ist das körperliche, geistige oder seelische Wohl des Kindes in Zukunft bedroht?
- Sind die Eltern gewillt und in der Lage, kommende Gefahren für das Kindeswohl abzuwehren?

Einstweilige Anordnung

Droht eine Entscheidung dem Kindeswohl zuwiderzulaufen oder unmöglich umzusetzen zu sein, können die Familienrichter jetzt den Eltern eine Beratung durch eine Kinder- oder Jugendhilfe verordnen. Diese kann allerdings nicht mit Zwangsmitteln durchgesetzt werden.

Kommt es bei dem ersten Termin zu keiner Einigung bezüglich des Aufenthaltsorts des Kindes oder der Ausgestaltung des Umgangsrechts, wird das Gericht Aufenthaltsort und Umgangsrecht in einer einstweiligen Anordnung regeln. Vor einer solchen Entscheidung soll das betroffene Kind persönlich gehört werden.

Verfahrensbeistand

Die Mitwirkungsrechte des betroffenen Kindes im Verfahren wurden verstärkt. In schwierigen Fällen wird das Kind jetzt von einem sogenannten Verfahrensbeistand unterstützt. Dieser soll die Interessen des Kindes vertreten sowie das Kind über den Ablauf des Verfahrens und seine Möglichkeiten der Einflussnahme informieren. Der Verfahrensbeistand kann auf Anordnung des Gerichts eine aktive Rolle im Konflikt übernehmen und Lösungen für eine einvernehmliche Umgangsregelung vorschlagen. Der Verfahrensbeistand löst den früheren Verfahrenspfleger ab.

> **Achtung!**
> Ein über 14-jähriges Kind kann sich jetzt zur Durchsetzung seiner Rechte selbst vertreten.

Pflegepersonen/Umgangspfleger

Die Beteiligung von Pflegepersonen am Verfahren ist erweitert worden. Pflegeeltern können jetzt hinzugezogen werden, insbesondere wenn das Kind seit längerer Zeit bei ihnen lebt. Daneben können Umgangspfleger vom Gericht bestellt werden, wenn es Streit über den Umgang gibt. So kann sichergestellt werden, dass der Kontakt des Kindes zu dem Umgangsberechtigten nicht abbricht. Der Umgangspfleger kann Vorschläge machen, wann das Kind abgeholt und wieder zurückgebracht wird, er kann auch Ort und Uhrzeit festlegen.

Das Familiengericht ist gehalten, in Kindschaftsangelegenheiten (Sorge-, Aufenthalts- und Umgangsrecht sowie bei der Herausgabe von Kindern) ein Einvernehmen der Beteiligten herzustellen (§ 156 FamFG).

> **Achtung!**
> »Einvernehmen« heißt in diesem Zusammenhang, dass Einigungen der Eltern (sofern sie nicht dem Kindeswohl zuwiderlaufen) Vorrang haben vor einem Lösungsvorschlag des Richters.

Verfahren beschleunigen

Bisher konnten Paare ein Verfahren immer wieder verschleppen, indem sie nur zögerlich Auskünfte über ihre Einkommens- und Vermögensverhältnisse gaben. Daher sind die Auskunftspflicht für zerstrittene Ehepartner erweitert worden. Nach dem neuen Recht kann der Richter eine kurze Frist zur Vorlage der Einkünfte setzen.

Oft wurden in der Vergangenheit immer wieder neue Anträge gestellt, um das Verfahren hinauszuzögern. So konnte man seinen Ex-Partner ärgern, der sich eventuell so schnell wie möglich scheiden lassen wollte. Denn der Richter konnte das Scheidungsurteil nur erlassen, wenn alle anderen Streitigkeiten auch geregelt waren. Das ist jetzt anders: Anträge werden nur noch im Scheidungsverfahren berücksichtigt, wenn sie dem Gericht zwei Wochen vor dem Termin vorliegen.

Bisher musste man außerdem immer, wenn man im Eilverfahren einen Unterhaltstitel erwirken wollte, gleichzeitig bei Gericht einen Klageantrag auf Unterhalt einreichen. Das ist jetzt nicht mehr nötig. Man kann auch nur im einstweiligen Rechtschutzverfahren Unterhalt fordern. »Dafür braucht man dann auch keinen Anwalt«, so Dr. Isabell Götz, stellvertretende Vorsitzende des Deutschen Familiengerichtstags. Der Vorteil ist hier: Der Klageweg kann ausgespart werden, denn häufig erledigen sich gerade Streitigkeiten über Unterhaltszahlungen schon durch das Eilverfahren.

Anordnungen des Familiengerichts/Zwangsmaßnahmen

Um eine Kindeswohlgefährdung abzuwehren, stehen dem Gericht neben dem oben schon geschilderten Erörterungstermin (mit Anwesenheitspflicht) und dem Hinzuziehen des Jugendamts nun noch weitere Möglichkeiten zur Verfügung.

Zunächst kann es von den Erziehungsberechtigten verlangen,

- öffentliche Hilfen etwa der Gesundheitsfürsorge anzunehmen und
- die Schulpflicht des Kinder einzuhalten.

Der Maßnahmenkatalog umfasst jetzt aber auch drastischere Eingriffe den Eltern gegenüber:

- ein Verbot, Orte, an denen sich das Kind regelmäßig aufhält, zu besuchen (auch dessen regelmäßigen Wohnsitz);

- ein Verbot, Verbindung mit dem Kind aufzunehmen (auch telefonisch);
- Aufhebung von Sorgerechtsvereinbarungen der Eltern bis hin zum Sorgerechtsentzug.

Dieser neue Maßnahmenkatalog kann – im Unterschied zu den alten Zwangsmitteln – auch noch nach Ablauf der gerichtlichen Entscheidung festgesetzt und vollstreckt werden.

Ordnungsgeld Bisher konnten die Anordnungen der Familienrichter mit Zwangsgeldern oder Zwangshaft durchgesetzt werden. Diese Maßnahmen waren auf die Durchsetzung des zukünftigen Verhaltens gemünzt.

Nun steht seit dem 1. September 2009 den Familienrichtern ein neues Zwangsmittel zur Verfügung: das Ordnungsgeld. Hiermit können bereits abgeschlossene oder unterlassene Handlungen der Eltern geahndet werden, insbesondere wenn sich an

- eine vereinbarte Umgangsregelung beziehungsweise
- die Herausgabe von Personen (also meist der Kinder)

nicht gehalten wurde. Wird das Ordnungsgeld von dem Elternteil nicht gezahlt, kann der Familienrichter Ordnungshaft verhängen (§ 89, Abs. 1 FamFG).

> **Achtung!**
> Die Zwangsmaßnahmen dürfen sich zur Durchsetzung des Umgangsrechts nur gegen die Eltern, nicht aber gegen minderjährige Kinder richten. In allen anderen Fällen können sie sich auch gegen das Kind richten, wenn es dem Kindeswohl »zuträglich erscheint«.

Geschlossene Unterbringung Als Ultima Ratio hat das Gesetz nun auch die »geschlossene Unterbringung«, also den Freiheitsentzug eines Kindes konkretisiert. Bei Minderjährigen ist das aber nur noch mit Beteiligung des Familiengerichts möglich. Dieser Schritt soll zur »Abwendung einer erheblichen Selbst- oder Fremdgefährdung« des Kindes erlaubt sein.

Neue Rechtsmittel

Das alte Gesetz über die freiwillige Gerichtsbarkeit (FGG) regelt jetzt die Betreuung, Unterbringung, Nachlass- und Registersachen. Diese Angelegenheiten bleiben im bisherigen FGG geregelt, sind aber komplett überarbeitet worden. Gerade die Verfahrensordnung ist neu strukturiert, Rechtsmittel werden übersichtlich zusammengefasst.

Achtung!

Ab jetzt wird erstmals in Angelegenheiten der freiwilligen Gerichtsbarkeit die Rechtsbeschwerde zum Bundesgerichtshof zugelassen. (Sie ersetzt die alte »weitere Beschwerde zum Oberlandesgericht«.) Diese Rechtsbeschwerde zum obersten deutschen Zivilgericht ist möglich, wenn die bestehende Rechtsprechung vereinheitlicht werden soll, also Richter unterer Instanzen auf eine Richtungsentscheidung pochen. Außerdem soll sie in besonders grundrechtsrelevanten Fällen wie Betreuungssachen, Angelegenheiten der Unterbringung und des Freiheitsentzugs eingelegt werden dürfen. Durch die Beschwerde zum Bundesgerichtshof erlangt dieser viel größeren Einfluss auf die Rechtsprechung im Bereich der freiwilligen Gerichtsbarkeit.

Eingetragene Lebenspartnerschaft

Seit das Lebenspartnerschaftsgesetz im Jahr 2001 in Kraft getreten ist, können Sie in Deutschland auch als gleichgeschlechtliches Paar in einem eheähnlichen Verhältnis leben. Wo wurden die gesetzlichen Regelungen der Ehe für Sie als eingetragene Lebenspartnerschaft übernommen? In welchen Fällen fehlen vergleichbare Vorschriften?

Die Lebenspartnerschaft: gesetzliche Regelungen

Von den knapp 70 000 in Deutschland lebenden gleichgeschlechtlichen Paaren sind 15 Prozent als eingetragene Lebenspartnerschaften registriert, umgangssprachlich wird häufig von »Homo-Ehe« gesprochen. Eine Lebenspartnerschaft nach dem Lebenspartnerschaftsgesetz (LPartG) kann nur eingehen, wer

- gleichen Geschlechts ist,
- nicht verheiratet ist,
- nicht bereits in einer eingetragenen Lebenspartnerschaft lebt,
- volljährig ist,
- eine »unbefristete« eingetragene Lebenspartnerschaft eingehen möchte,
- eine Erklärung über den Vermögensstand abgegeben hat,
- nicht in gerader Linie verwandt oder voll- oder halbgebürtig verschwistert ist.

Achtung!
Wenn Sie verheiratet sind, verhindert zwar Ihre Ehe die Schließung einer eingetragenen Lebenspartnerschaft – eine eingetragene Lebenspartnerschaft verhindert jedoch nicht die Schließung einer Ehe.

Wollen Sie eine Lebenspartnerschaft eintragen lassen, sind in den meisten Bundesländern die Standesämter für Sie zuständig. Doch erkundigen Sie sich vorher: In Baden-Württemberg zum Beispiel sind die Landratsämter beziehungsweise die Stadtverwaltungen die richtigen Ansprechpartner, in Brandenburg die Gemeinden und in Thüringen die Kreisverwaltungen.

Die Lebenspartnerschaft begründet für Sie weitreichende Pflichten, aber auch Rechte. Sie sind zur gegenseitigen Fürsorge und Unterstützung verpflichtet sowie zur gemeinsamen Lebensgestaltung. Kurz: Sie tragen füreinander Verantwortung (§ 2 LPartG).

Ihre Pflichten aus der eingetragenen Lebenspartnerschaft sind folgende:

- gemeinsame Lebensführung,
- gegenseitiger Beistand,
- lebenspartnerschaftlicher Unterhalt.

Sie haben aber auch Rechte, wenn Sie Ihre Lebenspartnerschaft eintragen lassen:

- gemeinsamer Familienname,
- gemeinsame Schlüsselgewalt,
- Reduzierung des Sorgfaltsmaßstabs auf die eigenübliche Sorgfalt in gewohnheitsmäßigem Verhalten. Grenze hierbei ist die grobe Fahrlässigkeit (§ 277 BGB).

> **Achtung!**
> Partner einer eingetragenen Lebenspartnerschaft gelten als Familienangehörige. Mit den Verwandten Ihres Lebenspartners sind Sie verschwägert. Die Schwägerschaft dauert selbst dann fort, wenn die Lebenspartnerschaft aufgelöst wird.

Der gemeinsame Name

Sie können einen gemeinsamen Namen, einen Lebenspartnerschaftsnamen wählen (§ 3 LPartG), indem Sie entweder Ihren oder den Ihres Partners zum gemeinsamen Namen bestimmen. Derjenige, dessen Name nicht Lebenspartnerschaftsname wird, kann seinen Nachnamen anhängen oder voranstellen. Folgende Konstellationen sind möglich, wenn beispielsweise Stefan Bauer und Jürgen Schreiner eine eingetragene Lebenspartnerschaft eingehen:

- Stefan und Jürgen Bauer
- Stefan und Jürgen Schreiner
- Stefan Bauer und Jürgen Bauer-Schreiner
- Stefan Bauer und Jürgen Schreiner-Bauer
- Stefan Bauer-Schreiner und Jürgen Schreiner
- Stefan Schreiner-Bauer und Jürgen Schreiner

Achtung!

Nicht möglich ist jedoch, dass Sie als gemeinsamen Namen Ihre beiden Nachnamen als Doppelnamen wählen. Um im Beispiel zu bleiben: Sie dürfen nicht Stefan Bauer-Schreiner und Jürgen Bauer-Schreiner als Lebenspartnerschaftsnamen führen.

Dreifachnamen sind grundsätzlich ausgeschlossen, auch wenn einer von Ihnen bereits einen Doppelnamen mit in die eingetragene Lebenspartnerschaft einbringt.

Güterrecht

Das Güterrecht befasst sich mit Ihren Vermögensverhältnissen. Der Güterstand wird durch die Eintragung der Lebenspartnerschaft begründet und durch die Aufhebung beziehungsweise den Tod aufgelöst, das in der Lebenspartnerschaft angesammelte Vermögen aufgeteilt. Sind Sie als Lebenspartnerschaft eingetragen, gilt für Sie gesetzlich der Güterstand der Zugewinngemeinschaft. Das heißt alles, was Sie zu Beginn der Lebenspartnerschaft besitzen, bleibt Ihr alleiniges Eigentum. Dagegen wird alles, was Sie gemeinsam während der eingetragenen Partnerschaft erwirtschaften, am Ende der Partnerschaft ausgeglichen (daher auch bis Ende 2004 die Bezeichnung »Ausgleichsgemeinschaft«, § 6 Abs. 2 LPartG).

Von der gesetzlichen Regelung können Sie abweichen, indem Sie Ihre güterrechtlichen Verhältnisse durch Vertrag regeln, durch einen sogenannten Lebenspartnerschaftsvertrag, der vor einem Notar geschlossen werden muss, um gültig zu sein. In dem notariellen Vertrag können Sie zum Beispiel bestimmte Vermögenswerte wie Firmenbeteiligungen von der Zugewinngemeinschaft ausschließen. Möglich ist auch die Vereinbarung, dass die Zugewinngemeinschaft nur im Todesfall eines der beiden Partner greifen soll, nicht jedoch bei Aufhebung der eingetragenen Lebenspartnerschaft.

Selbstverständlich können Sie Ihre Vermögen durch einen Lebenspartnerschaftsvertrag auch komplett voneinander trennen. Dann steht Ihnen jeweils nur das am Ende zu, was Sie selbst erwirtschaftet und verwaltet haben.

Haben Sie vertraglich nichts vereinbart, gelten für Sie ansonsten die Vorschriften aus dem ehelichen Güterrecht (§ 8 LPartG). Sie besitzen zum Beispiel auch die sogenannte gemeinsame Schlüsselgewalt. Das heißt, dass – vergleichbar zur Ehe – jeder von Ihnen berechtigt ist, Geschäfte zur Deckung des angemessenen Lebensbedarfs auch für den anderen abzuschließen. Durch solche Geschäfte werden Sie beide berechtigt und verpflichtet.

Erbrecht

Stirbt einer von Ihnen und liegt kein Testament vor, erbt der überlebende Lebenspartner qua Gesetz. Sie sind als eingetragener Lebenspartner ein gesetzlicher Erbe und haben neben den anderen Erben einen Teilanspruch auf den Nachlass. Dessen Höhe richtet sich nach den Verwandtschaftsverhältnissen der anderen gesetzlichen Erben. Sie erben als Lebenspartner:

- neben Kindern zu einem Viertel,
- neben Eltern, Geschwistern, Geschwisterkindern und Großeltern zur Hälfte.

Zusätzlich erhält der überlebende Lebenspartner wie der Ehepartner pauschal ein Viertel der Erbschaft als Zugewinnausgleich.

Beispiel

Ihr Lebenspartner hat noch einen Vater und einen Bruder. Stirbt Ihr Partner, bekommen Sie als gesetzlicher Erbe neben dem Vater und dem Bruder (er erbt anstelle der Mutter) die Hälfte des Nachlasses. Zudem steht Ihnen als Zugewinnausgleich ein weiteres Viertel zu. Sie erben also drei Viertel des Vermögens, der Vater und der Bruder jeweils ein Achtel.

Sind weder Kinder, Eltern, Geschwister, Geschwisterkinder oder Großeltern vorhanden, ist der Lebenspartner Alleinerbe. Wird er enterbt, steht ihm zumindest der Pflichtteil zu.

Sie können natürlich auch immer ein Testament schreiben und Ihren Lebenspartner als Alleinerben einsetzen. In Deutschland ist es für Sie sogar möglich, ein gemeinsames Testament (zum Beispiel ein Berliner Testament) zu erstellen. Ist der Lebenspartner ausländischer Herkunft, richtet sich das Erbrecht nach dem entsprechenden Landesrecht.

Achtung!

Ein Lebenspartner erbt nur während der Dauer der eingetragenen Lebenspartnerschaft, danach nur, wenn er in einem Testament bedacht wurde.

WISO rät

Wollen Sie die Lebenspartnerschaft auflösen, sollten Sie daran denken, dass Sie in einem gemeinschaftlichen Testament Ihre Entscheidung nicht so schnell revidieren können. Wollen Sie es einseitig ändern, müssen Sie zum Notar. Denken Sie auch an Ihre Lebensversicherung: Ist Ihr Partner Begünstigter, ändert auch die Auflösung Ihrer eingetragenen Lebenspartnerschaft daran nichts.

Nach dem Erbschaft- und Schenkungssteuergesetz werden Ehegatten in die Steuerklasse I eingeordnet und unterliegen damit den niedrigsten Steuersätzen. Ehegatten kommen ferner in den Genuss des höchsten Freibetrags und haben daneben einen Anspruch auf den Versorgungsfreibetrag.

Auch Sie als eingetragener Lebenspartner können seit diesem Jahr den höchsten Freibetrag für Schenkungen und im Fall einer Erbschaft geltend machen. Sie können wie Ehepartner 500 000 steuerfrei erben. Daneben steht

Ihnen auch der Versorgungsfreibetrag in Höhe von 256 000 Euro zu. Jedoch bleiben Sie weiterhin in der schlechten Steuerklasse III.

Achtung!
Im Erbschaft- und Schenkungssteuerrecht sind Sie nicht den Ehegatten gleichgestellt.

Sorgerecht

Leben Sie mit einem Partner zusammen, der ein Kind mit in die Beziehung bringt, können Sie für dieses das Sorgerecht erhalten. Allerdings ist der Erhalt abhängig davon, ob Ihr Partner allein sorgeberechtigt ist oder ob ein gemeinsames Sorgerecht mit seinem Ex-Partner besteht.

Übt Ihr Partner die elterliche Sorge allein aus, erwerben Sie – wie ein Stiefelternteil – ein sogenanntes kleines Sorgerecht. Das heißt Sie können zum Wohle des Kindes Entscheidungen des täglichen Lebens treffen, beispielsweise

- über Schlafenszeiten,
- über das Fernsehprogramm,
- hinsichtlich üblicher Arztbesuche.

Auch bei Gefahr im Verzug, das heißt in Notfällen dürfen Sie selbstständig handeln. Sie müssen Ihren Partner aber danach unverzüglich über den Vorgang informieren.

Steht das Sorgerecht dagegen Ihrem Partner und dessen Ex-Partner zu, sollten Sie zumindest für die Alltagsangelegenheiten eine Bevollmächtigung bekommen. Ihr Partner kann Ihnen, wenn das Kind bei Ihnen lebt, eine schriftliche Ermächtigung für die Entscheidungen des täglichen Lebens geben. Diese sollten Sie gerade bei Arztbesuchen oder Schulangelegenheiten bei sich führen.

Dagegen können Sie bei bedeutenden Angelegenheiten, die das Kind betreffen, nicht mitbestimmen, es sei denn, der Ex-Partner hat Ihnen dies schriftlich eingeräumt. Ansonsten können in diesen Angelegenheiten die leiblichen Eltern nur gemeinsam entscheiden, zum Beispiel beim Wechsel des Kindes auf eine Hochbegabtenschule.

Achtung!
Stirbt Ihr Partner und lebt das Kind bei Ihnen, kann auf Antrag das Familiengericht entscheiden, dass das Kind zunächst bei Ihnen wohnen bleibt – selbst dann, wenn der andere leibliche Elternteil das Sorgerecht besitzt oder nach dem Todesfall zugesprochen bekommt. Für die Entscheidung steht das Wohl des Kindes im Vordergrund: Hat sich zwischen Ihnen und dem Kind während des Zusammenlebens eine sehr enge Bindung entwickelt, wird es dem Kind in der Regel nicht guttun, gleich aus dem gewohnten Umfeld gerissen zu werden. Durch den Beschluss des Gerichts wird das Aufenthaltsbestimmungsrecht des leiblichen Elternteils sozusagen »überstimmt«.

Adoption

Umfragen zufolge möchte heute jede zweite lesbische Frau und jeder dritte schwule Mann gerne in einer Familie mit Kindern leben. Sie bilden dann zusammen eine sogenannte Regenbogenfamilie. Oft gibt es auch bereits Kinder aus einer früheren heterosexuellen Beziehung. Dennoch wünschen sich viele Paare daneben ein eigenes Kind.

Sie können in einer eingetragenen Lebenspartnerschaft ein fremdes Kind adoptieren. Jedoch geht das nicht gemeinsam: Entweder Sie oder Ihr Partner adoptieren das Kind, der jeweils andere muss der Adoption zustimmen.

Ein fremdes Kind zu adoptieren ist in Deutschland nur selten möglich, nur sehr wenige Kinder stehen zur Adoption bereit. Größere Erfolgschancen haben Sie bei einer Auslandsadoption. Hier müssen Sie hoffen, dass die ausländische Behörde tolerant ist – und nichts gegen die Adoption durch ein homosexuelles Paar hat. Für die Beratung und die Vermittlung sind in Deutschland die Adoptionsvermittlungsstellen der Jugendämter zuständig, aber auch freie Träger wie der Caritasverband oder das Diakonische Werk. Bei Interesse an einer Auslandsadoption können Sie sich ebenfalls an die Jugendämter wenden, aber auch an spezialisierte Vermittlungsstellen in freier Trägerschaft. Über seriöse Anbieter informiert die Bundeszentrale für Auslandsadoption.

Wie in der Ehe ist es auch möglich, das Sie das leibliche Kind Ihres Lebenspartners adoptieren, die sogenannte Stiefkindadoption. Jedoch muss der andere leibliche Elternteil hier zustimmen.

Sozialrecht

In fast allen Bereichen, die das deutsche Sozialgesetzbuch betreffen, sind mittlerweile eingetragene Lebenspartnerschaften der Ehe gleichgestellt. Das betrifft unter anderem:

- Arbeitslosengeld,
- Elterngeld,
- Sozialversicherungen,
- Wohngeld,
- Unterhaltsvorschuss,
- Rente wegen Todesfall,
- Familienversicherung innerhalb der gesetzlichen Krankenversicherung.

Gleiches gilt auch für das Mietrecht (hier tritt der Lebenspartner wie der Ehepartner nach dem Tod des Mieters in das Mietverhältnis ein), das Zeugnisverweigerungsrecht (auch nach Beendigung der eingetragenen Lebenspartnerschaft) und das Ausländerrecht (etwa bei der Einbürgerung gibt es keine Unterschiede zur Ehe).

Arbeitsrecht

Im Arbeitsrecht haben die höchsten deutschen Gerichte eine Gleichstellung der eingetragenen Lebenspartnerschaft mit der Ehe bewirkt, insbesondere in den Bereichen:

- Ortszuschlag für Beamte und nach dem Bundesangestelltentarif,
- Arbeitsbefreiung wegen Todesfall oder Geburt,
- Hinterbliebenenversorgung innerhalb der gesetzlichen Rentenversicherung.

Aber auch bei der betrieblichen Hinterbliebenenversorgung sollen Sie als eingetragener Lebenspartner nicht mehr schlechter dastehen als ein überlebender Ehepartner. Ist Ihr Lebenspartner verstorben und steht ihm eine Betriebsrente zu, so haben auch Sie einen Anspruch darauf, wenn für Ehegatten im Rahmen der betrieblichen Altersversorgung eine dahin gehende Zusage gemacht wurde. Das Bundesarbeitsgericht bezieht sich in seiner Entscheidung auf das seit 2006 geltende Allgemeine Gleichbehandlungsgesetz. (Bundesarbeitsgericht; Urteil vom 14.01.2009, Az.: Aktenzeichen: 3 AZR 20/07)

Im deutschen Beamtenrecht existieren noch immer bedeutsame Unterschiede, weil über ihre jeweilige Ausgestaltung die einzelnen Bundesländer entscheiden. Das sollte sich mit Einführung des Lebenspartnerschaftsergänzungsgesetzes ändern, doch hat der Bundesrat die Zustimmung dazu verweigert. So erhalten Sie als Partner beispielsweise keinen Ehegatten- beziehungsweise Familienzuschlag und keine Beihilfe, es sei denn, Sie sind selbst Beamter.

Beispiel

Sie leben als Beamtin mit einer Frau in einer eingetragenen Lebenspartnerschaft. Dennoch haben Sie keinen Anspruch auf den Verheiratetenzuschlag. Die Beschränkung des Zuschlags auf verheiratete Beamte ist verfassungsgemäß, so das Bundesverfassungsgericht. (Bundesverfassungsgericht; Beschluss vom 20.09.2007, Az.: 2 BvR 855/06)

Steuerrecht

Die eingetragene Lebenspartnerschaft genießt nicht den verfassungsrechtlichen Schutz der Ehe nach Artikel 6 unseres Grundgesetzes. Diese verfassungsrechtliche Unterscheidung zwischen Ehe und eingetragener Lebenspartnerschaft wird aber nur dann für Sie spürbar, wenn sich die obersten Gerichte darauf berufen.

Im Alltag dürften für Sie gerade die Unterschiede im Steuerrecht sehr bedeutend sein. Viele steuerrechtliche Vorteile, die Ehepartner genießen, gelten für Sie nicht. Darunter fallen etwa:

- Ehegattensplitting,

- Steuerklassenwahlrecht,
- Doppelter Sparerpauschbetrag,
- Doppelter Werbungskostenpauschbetrag,
- Günstigere Steuersätze im Schenkung- und Erbschaftsteuerrecht,
- Grunderwerbssteuerrecht,
- Vermögensbildungsgesetz,
- Altersvermögensgesetz,
- Abgabenordnung innerhalb des Steuerrechts.

Beispiel

Sie können kein Ehegattensplitting geltend machen, denn Sie haben als eingetragene Lebenspartnerschaft keinen Anspruch auf Durchführung einer Zusammenveranlagung zur Einkommenssteuer unter Anwendung des Splittingtarifs. Der Gesetzgeber hat eine einkommenssteuerrechtliche Gleichstellung mit Ehegatten nicht gewollt. (Bundesfinanzhof; Urteil vom 26.01.2006, Az.: III R 51/05)

Aufhebung der Lebenspartnerschaft

In einem Scheidungsratgeber sind das für Sie wahrscheinlich die interessantesten Fragen: Wie wird eine eingetragene Lebenspartnerschaft »geschieden«? Was bedeutet die Aufhebung der eingetragenen Lebenspartnerschaft für den Unterhalt?

Wenn Sie die Aufhebung Ihrer eingetragenen Lebenspartnerschaft anstreben, müssen Sie dafür beim Familiengericht einen Aufhebungsbeschluss erwirken. Zuständig ist das Familiengericht, in dessen Bezirk sich Ihr letzter gemeinsamer Wohnsitz befand. Stellen Sie allein den Antrag, ist das Gericht zuständig, wo der andere Lebenspartner seinen Wohnsitz hat.

Ist Ihr Partner Ausländer, ist die Frage zu klären, ob überhaupt ein deutsches Gericht zuständig ist. Deutsche Gerichte sind immer dann für den Aufhebungsbeschluss zuständig, sobald

- mindestens einer der beiden Partner Deutscher ist,
- mindestens einer der beiden seinen »gewöhnlichen Aufenthaltsort« in Deutschland hat oder
- der Registerort der eingetragenen Lebenspartnerschaft in Deutschland liegt.

Die Voraussetzungen für die Aufhebung einer eingetragenen Lebenspartnerschaft sind seit dem Jahr 2005 denen einer Ehescheidung fast gleichgestellt worden (§ 15 LPartG). Wollen Sie die Lebenspartnerschaft aufheben, müssen Sie auch hier zunächst ein Jahr getrennt leben (zuvor war noch eine öffentlich beurkundete Erklärung notwendig). Die eingetragene Lebenspartnerschaft wird, wie bei einer Ehe, durch den Beschluss eines Familiengerichts aufgehoben. Will nur einer von Ihnen die Aufhebung, müssen Sie drei Jahre abwarten. Allerdings kann die eingetragene Lebenspartnerschaft auch direkt (ohne die 12 beziehungsweise 36 Monate Trennungszeit) aufgehoben werden, wenn die Fortsetzung für einen von Ihnen eine »unzumutbare Härte« bedeutet. Ähnlich wie bei der Ehescheidung liegt die Messlatte hierfür sehr hoch. In der Regel wird Gewalttätigkeit eines Partners eine vorzeitige Aufhebung der eingetragenen Lebenspartnerschaft ausreichend begründen.

Achtung!

Anders als im Eherecht können Sie nicht nach einem Jahr des Getrenntlebens allein die Aufhebung der Partnerschaft bei Gericht beantragen. Stimmt der andere Partner der Aufhebung nicht zu, müssen Sie drei Jahre abwarten. Das Gericht kann sich für den Zeitraum zwischen ein und drei Jahren durch Anhörung der Parteien oder durch Zeugenaussagen selbst kein Bild davon machen, ob die Lebenspartnerschaft zerrüttet ist oder nicht. Im Eherecht ist ein solcher Antrag möglich – im Lebenspartnerschaftsrecht nicht. Der trennungswillige Partner muss also drei Jahre warten, wenn der andere mit der Aufhebung nicht einverstanden ist, auch wenn die Partnerschaft »zerrüttet« ist.

Da Sie auf den Trennungsunterhalt nicht verzichten können, bestehen hier finanzielle Risiken für denjenigen, der die Aufhebung wünscht.

Bei einem Streit während der Aufhebung einer eingetragenen Lebenspartnerschaft kann das zuständige Familiengericht einem von Ihnen die Wohnung zuteilen. Der Vermieter muss der Entscheidung des Familiengerichts Folge leisten. Denken Sie aber daran, den Mietvertrag umzuschreiben. Ansonsten haftet auch der ausgezogene Partner gegenüber dem Vermieter weiter, zum Beispiel für den Mietzins und die Schönheitsreparaturen.

> **Achtung!**
> Bekommen Sie die Wohnung zugewiesen, die Ihrem Partner gehört, können Sie aber angewiesen werden, Ihrem Partner eine angemessene Miete beziehungsweise Nutzungsvergütung zu zahlen.

Für den Hausrat gelten während der Trennungszeit und nach Aufhebung der eingetragenen Lebenspartnerschaft vergleichbare Regelungen wie bei der Ehe. Im Streitfall wird jeder Partner seine Kleidung behalten können, der Hausrat muss »nach Billigkeit« aufgeteilt werden (wozu auch das Auto gehört, wenn es überwiegend für Familienfahrten eingesetzt wurde). Möglich sind auch Ausgleichszahlungen für das Auto und den in der Wohnung verbleibenden Hausrat.

Das Vermögen wird nach der Aufhebung Ihrer Lebenspartnerschaft so aufgeteilt, wie Sie es vorher festgelegt haben:

* Bei Zugewinngemeinschaft: Jeder behält das von ihm mit in die eingetragene Lebenspartnerschaft gebrachte Eigentum. Der gemeinsam erwirtschaftete Zugewinn zwischen Eintragung und Aufhebung wird hälftig geteilt.
* Bei notariellem Vertrag: So wie es in diesem vereinbart war, es sei denn, der Vertrag ist sittenwidrig.
* Bei Vermögenstrennung: Jeder erhält das, was ihm gehört.

Umgangsrecht

Auch wenn Ihre Lebenspartnerschaft aufgehoben wird, müssen Sie den Kontakt zu Ihrem Stiefkind, das mit Ihnen in der sogenannten Regenbogenfamilie gelebt hat, nicht abbrechen. Ihnen steht ein eigenes Umgangsrecht zu. Bedingungen für das Umgangsrecht sind das Wohl des Kindes und die längere häusliche Gemeinschaft mit ihm. Eine Blutsverwandtschaft muss nicht bestehen.

Haben Sie eine enge Beziehung zu dem Kind aufgebaut, wird es dem Kind in seiner Entwicklung in der Regel guttun, den Kontakt mit Ihnen aufrechtzuerhalten, auch wenn es nach der Trennung bei seinem leiblichen Elternteil lebt. Wie das Umgangsrecht konkret aussieht, sollten Sie mit Ihrem Ex-Partner besprechen. Sie können das Kind zum Beispiel besuchen oder mit ihm telefonieren.

Beispiel
Sie haben drei Jahre mit Ihrem Partner und seinem Sohn in einer eingetragenen Lebenspartnerschaft gelebt. Davor wohnten Sie schon fünf Jahre zu dritt zusammen. Sie haben sich tagsüber um die Erziehung des Sohnes gekümmert, Ihr Partner war zu der Zeit arbeiten. Man kann davon ausgehen, dass Sie ein enges Verhältnis zu dem Sohn aufgebaut haben. Ist das der Fall, können Sie notfalls das Umgangsrecht vor Gericht einklagen.

Unterhalt

Leben Sie getrennt, können Sie wie im Eherecht von Ihrem Partner möglicherweise Unterhalt verlangen. Die Höhe richtet sich nach Ihren Lebensverhältnissen und den Erwerbs- und Vermögensverhältnissen. Gerade wenn Sie nicht erwerbstätig sind, muss Ihnen der Lebenspartner in der Regel einen angemessenen Unterhalt gewähren (§ 12 LPartG).

Nach der Aufhebung der eingetragenen Lebenspartnerschaft sollte jeder von Ihnen grundsätzlich für seinen Unterhalt selbst aufkommen (§ 16 LPartG), doch das ist nicht immer realisierbar. Es kann Gründe geben, warum Sie nicht arbeiten und für sich selbst sorgen können, beispielsweise:

- Kinderbetreuung,
- Alter,
- Krankheit,
- Gebrechen.

Sie können schon bei Eintragung der Lebenspartnerschaft den nachpartnerschaftlichen Unterhalt ausschließen. Halten Sie das schriftlich fest. So sind Sie mit Aufhebung der Partnerschaft nicht mehr finanziell für den anderen verantwortlich.

Den Trennungsunterhalt können Sie dagegen nicht ausschließen, auch nicht durch notarielle Vereinbarung.

Achtung!
Der Unterhaltsanspruch aus einer eingetragenen Lebenspartnerschaft geht allen anderen Unterhaltsverpflichtungen nach, zum Beispiel dem Kindesunterhalt oder dem Ehegattenunterhalt.

Versorgungsausgleich

Seit der Novellierung des Lebenspartnerschaftsgesetzes im Jahr 2005 wird auch nach der Aufhebung einer eingetragenen Lebenspartnerschaft ein Versorgungsausgleich durchgeführt. Ihre während der eingetragenen Partnerschaft erworbenen Rentenansprüche werden anteilig aufgeteilt. Es gilt Vergleichbares wie bei der Scheidung.

> **Achtung!**
> Im Gegensatz zur Ehe kann bei der eingetragenen Lebenspartnerschaft der Versorgungsausgleich schon im Vorfeld durch notariellen Vertrag ausgeschlossen werden.

Haben Sie vor dem 1. Januar 2005 eine eingetragene Lebenspartnerschaft geschlossen, führen Sie bei der Aufhebung nur dann einen Versorgungsausgleich durch, wenn Sie das zuvor in einem notariellen Vertrag festgelegt haben.

Weitergehende Informationen

Weitergehende Informationen zur eingetragenen Lebenspartnerschaft erhalten Sie beim Lesben- und Schwulenverband:

Lesben- und Schwulenverband in Deutschland (LSVD)
Postfach 10 34 14
50474 Köln
Tel.: 0221-925961-0
Fax: 0221-925961-11
E-Mail: lsvd@lsvd.de
www.lsvd.de

Register

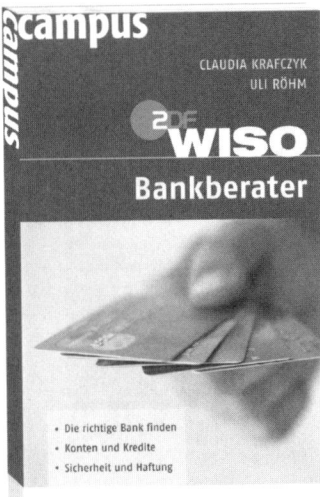

WISO Ratgeber

Michael Hölting
WISO: Immobilienfinanzierung
2008, 312 Seiten
ISBN 978-3-593-38579-2

Viele träumen von den eigenen vier Wänden –
doch in Zeiten sinkender staatlicher Förderung
ist es besonders wichtig, sich umfassend über
Modelle und Möglichkeiten der Finanzierung
zu informieren und genau zu rechnen. Michael
Hölting beantwortet detailliert alle Finanzie-
rungsfragen rund um Bau oder Kauf einer Immobilie, egal ob Haus oder Eigentumswohnung.

Michael Opoczynski
WISO: Altersvorsorge-Berater
2007, 247 Seiten
ISBN 978-3-593-38276-0

Wolfgang Jüngst, Matthias Nick
WISO Organizer:
Ruhestand ohne Risiko
2007, 185 Seiten
ISBN 978-3-593-37966-1

Thomas J. Kramer, Karin Meyer-Götz,
Dr. Heinrich Meyer-Götz
WISO Organizer:
Vorsorgeplaner
2006, 207 Seiten
ISBN 978-3-593-38071-1

Michael Opoczynski
WISO: Existenzgründung
2006, 202 Seiten
ISBN 978-3-593-37965-4

Mehr Informationen unter
www.campus.de

Frankfurt · New York